品學堂、《閱讀理解》學習誌創辦人
黃國珍——著

黃國珍的閱讀理解課

從訊息到意義，帶你讀出深度思考力

閱讀素養

目錄

輯二 持續提問探索，走向理解

輯三 實踐閱讀素養，前進未來

推薦序

引領華文世界閱讀理解教育的開拓者

葉丙成／實驗教育無界塾、線上學習平台 PaGamO 創辦人

閱讀理解的素養，將是未來孩子非常重要的素養。因為在新課綱上路後，台灣的教育將會有不同的樣貌。過去我們的教育只在乎孩子有沒有知識，未來將變成更重視孩子是否有運用知識解決問題的能力與態度。知識、技能、態度三者的交織，成為我們孩子未來面對快速變遷世界所需要的素養。在許多的素養中，閱讀理解素養是我認為最重要的一塊，因為有閱讀理解素養的孩子，才有能力在不同領域的學習中擷取資訊、統整解釋、省思評鑑。

如果您的孩子在九年級以下，您更應該關心孩子未來是否具備閱讀理解的素養。因為自從去年大學學測開始有素養題型的考題後，大考中心也宣示比例將會

逐年提升，三年後將成為學測的重點。未來台灣的教育所在乎的，不再是把課本背的滾瓜爛熟，而是你有沒有能力去擷取資訊、統整解釋、省思評鑑。只要孩子能漸進的培養出這樣的能力，未來即使不死背課本也無須擔心；反而，如果不重視閱讀理解能力的孩子，就算死背課本也沒有用。這樣的趨勢，在今年的學測已經愈來愈明顯。

面對新課綱上路，家長要怎麼理解這個新趨勢？我誠摯推薦家長好好閱讀國珍這本新書《閱讀素養：黃國珍的閱讀理解課，從訊息到意義，帶你讀出深度思考力》。這本書可以幫助家長更深入了解閱讀理解素養。看完後，家長就會知道，沒什麼好擔心的！未來就是讓教育正常化，只要平常點點滴滴幫孩子培養閱讀理解的能力就好，孩子不需要再為了考試而急就章的填鴨知識。只要孩子的能力培養起來，未來只要自然展現能力就會有好表現，家長不用再焦慮。

認識國珍，是他剛創立品學堂，在台灣開始推廣閱讀理解素養的時候。我還記得當時問過他，怎麼會想要踏進去耕耘這塊華文世界之前沒有人做過的領域？我還記得國珍跟我說的：「因為有了自己的孩子，才發現閱讀理解這麼重要的素養，台灣卻都沒有幫孩子培養。這素養對孩子的未來太重要了！為了台灣的孩子，只好跳下海出來做了啊！」

認識國珍五年以來，我原以為前幾年我跑遍台灣到處演講推廣教學創新的行程，已經少有人跟我一樣瘋狂。但國珍在台灣各地向學校老師推廣閱讀理解素養的行程，讓我覺得更瘋狂！他為何會如此的投入於開墾這塊幾年前少有人談的閱讀理解？其實國珍就是這樣一位好爸爸，他不僅想成就自己的孩子，也想成就其他的孩子。國珍想要幫孩子建立對他們一輩子有用的素養：閱讀理解。他這份發心，是讓我最感動的！

「閱讀」教育，在過去已經有許多老師在努力，加強孩子的閱讀量。但國珍卻是在華文世界首開風氣之先，推廣「閱讀理解素養」。這兩者差異很大！只做閱讀，看再多的書，對孩子幫助是有限的。要教孩子閱讀，還需要搭配訓練他包括擷取資訊、統整解釋、省思評鑑的整體能力，這樣子的閱讀才對孩子有幫助；孩子才能夠透過這樣閱讀，不斷增進他理解這個世界的能力。這樣的理解能力，對於將身處在未來瞬息萬變世界的孩子，是極端重要的！所以國珍常頑皮的跟我

說，他在做的事情就是幫孩子「明天需要的素養，濕給他傳便便！」（台語）

五年前，國珍在華文世界開始倡議閱讀理解素養，他整個閱讀素養的概念、架構，讓各地教學工作者驚艷。更難得的是，他不只是演講，而是真實的實踐。國珍和他品學堂的夥伴過去四年在我所創辦的「無界塾」實驗教育機構，從孩子們小學五年級開始，便有系統的實際為他們開課。無界塾沒有國文課本，而是由國珍的品學堂團隊針對孩子設計從小培養閱讀理解素養的教學。經過四年下來，這些孩子都已經高中了。透過這四年的實驗教育，國珍跟品學堂的夥伴做了許多教學設計與實驗，他們成為台灣最有實際教孩子閱讀理解素養經驗的老師。這樣的實務經驗彌足珍貴。

因為國珍的理論是實際對孩子教過、驗證過的，所以才能與基層老師的教學經驗結合而被廣為接受。如今國珍的閱讀理解教育不僅在台灣得到肯定，在華文世界各地也開始受到重視，大陸、新加坡、香港等地的邀約不斷。作為朋友，我真的非常感到驕傲，國珍真的堪稱台灣教育之光。

經過國珍在各地的耕耘推廣，目前在台灣各地已有許多老師開始為孩子的閱讀理解素養而努力。然而不可諱言，目前還不是每位老師都有進行閱讀理解素養教育的能力，可能還需要幾年時間的增能，台灣老師才能普遍有能力幫孩子培養閱讀理解素養。但在那之前該怎麼辦呢？我個人認為，能否發展出培養閱讀理解素養的數位學習科技，將會是關鍵！

為了幫助孩子更容易養成閱讀理解素養，國珍所帶領的品學堂團隊，與我們PaGamO團隊合作開發全方位的數位學習服務：「PaGamO素養品學堂：閱讀理解線上素養學校」，即將在近期推出。我們希望透過這樣的線上學習服務，讓更多孩子在家便能逐步養成自己的閱讀理解素養。此外我們也努力募集公益資源，希望能讓更多弱勢孩子在文化刺激不足、相關師資不足的情況下，能透過「PaGamO素養品學堂」的線上學習服務，幫他們養成閱讀理解的素養。用教育科技來弭平教育資源的落差，是國珍跟我共同的期待！

閱讀理解素養是孩子未來學習的重要關鍵。關心孩子教育的家長，孩子「明天需要的素養，溫給他傳便便」！這本好書，誠摯推薦給關心孩子教育的您！

推薦序

廢寢忘食的實踐家

藍偉瑩／均一師資培育中心執行長

凌晨手機螢幕亮起，原來是國珍的私訊。一張簡報的截圖，「你看得懂這張要說的嗎？可以這樣表示嗎？」這樣的對話在深夜裡常常出現。這就是國珍，無時無刻不在思考如何精煉自己的理論，總是想著如何能夠把理論變得更易理解、包含更廣泛，所以我說他廢寢忘食。

認識國珍四年多了，最初的印象就如同多數人對他的認識，一位氣質獨特的紳士；更深入認識國珍，就能知道他幽默的一面，特別是對於日常現象的深刻觀察，讓他能從各類文本與現象中找到靈感。

浪漫與務實兼具的他，走進閱讀理解的領域是可以預期的，生命的歷練讓他對於人事物有強烈的感受力，這也體現在他的閱讀理解實踐中。透過他對於文本的詮釋，我們看見了不一樣的世界，更重要的是他帶著大家看見了自己，那是一種由外而內，再由內而外的歷程，閱「讀」閱「獨」，讀出每一個作者與閱讀者生命的獨一無二。

台灣推動閱讀有一段時間了，我自己的孩子從幼稚園開始就透過閱讀數量累積成小學士或小博士等。但只有大量閱讀似乎無法提升孩子的思考能力，因為「如何讀」是需要引導的。就這樣閱讀教育開始出現的是許多的閱讀策略教學。

不過閱讀策略常見的狀況是脫離閱讀的真實情境，採用斷裂的策略教學，這使得孩子在實際閱讀過程中不知道該運用何種策略，或該說是將策略拋在腦後，用既有習慣閱讀著。

國珍的閱讀理解則是素養的，那是在真實閱讀脈絡下培養孩子的能力，才能成為帶得走、可遷移的能力。

閱讀讀什麼？從語言理解，進而到文學理解，最終到文化理解。從表面的理解，到作者觀點的理解，到自身經驗的連結，這是一個閱讀必然的歷程。

然而常見的課堂情境是，老師在學生閱讀完畢後就問：「你有什麼感想？」沒有確認學生對於文本理解與否，對於作者立場理解與否，就直接問他自身感受。

這會有什麼問題？沒有分析作者立場，沒有理解作者立場由何而來，閱讀就無法產生生命的共鳴或是觀點的思辨，學生仍舊用原有的想法回應著，這便是許多閱讀推動沒有實質效果的緣故。

國珍的閱讀給了一套簡易卻關鍵的歷程，從擷取訊息確認學生對文本內容的掌握，以及廣泛理解對於文本的語言理解，從發展解釋與統整解釋分析作者的觀點與感受，最終連結到自身進行省思評鑑。這個過程是無法自然發生的，需要透過課程發展與教學設計才能達成。

教師從文本分析循序漸進，幫助學生進入深刻理解。這樣的設計更不限於單一文本的閱讀，更透過一篇文本的分析，連結更多生活現象或不同時空文本，擴大學生的視野，讓學生更細膩的感受與思考。這不僅是閱讀理解的歷程，更是培養學生思考的歷程，從閱讀的習慣成為思考的習慣，這是國珍陪伴著現場教師一起做的事情。

聆聽國珍的演講或參加國珍的工作坊，都是一種享受，享受著他使用的文字，享受著他看世界的視角，更享受著他的生命體驗。看著國珍的理論發展，反映著他的生活經驗，也反映了他的生命積累。

那位深夜私訊討論閱讀理解的好朋友，正是持續帶領著我們進入更寬廣的世界，廢寢忘食的實踐家。

推薦序

他為作者拿起那一冊書，改變了讀者的人生

丘美珍／專欄作家、臉書「媽媽悅讀基地」創辦人

有一年夏天，我看到一則影音。在炙熱刺眼的夏日陽光中，一個清新的直髮少女從窗口看到一個靜坐讀書的少年，然後，就那一眼，她戀愛了。

那一天下午，回家路上她經過一家小書店。亂髮的大叔店長問她：「你看書嗎？」身上揹著吉他的她，搖頭。

店長遞給她一本書，說：「拿去看看。你的世界，會變得不同喔。」

那幾天，少女捧著那一冊書，又哭又笑的讀到很晚很晚……。又一天，她來到學校。從同一個窗口看到，那日的少年伸手撫摸著另一個女孩的頭髮，她知

道，那男孩已心有所屬。

失戀了嗎？我們這樣擔心著。沒想到，那女孩竟然釋然的笑了。然後，片尾緩緩浮出一行字：「昨日之我與今日之我，有著一本書的不同。」

為什麼讀了一本書之後，我們的世界就會有所不同呢？因為在翻開書頁那一剎那，我們的身心既柔軟又開放，等著接收來自古今中外的文字。那些文字隨後化身為奇思妙想，與我們的靈魂對話，讓我們重新解讀自己、解讀他人。之後，這一套新的理解，形成內在秩序，成為我們應對這世界的潛規則。

閱讀是如此美好的經驗，理論上，只要識字的人應該都無法捨棄閱讀，只不過，在現實生活並非如此。

到了學校之後，閱讀成為應付考試的工具，以至於許多孩子後來變成不考試就不閱讀。但是，也有許多孩子，讀了之後，並不了解作者寫些什麼，想表達什麼。所謂的閱讀，成為作者單向的喃喃自語，那些寫成的文字，寂寞的漂浮在茫茫時空之中，沒有被那些渴求解答的心靈接收到。

這是雙方生命中的遺憾。需要有人來為讀者和作者之間，在那原來沒有交集的心靈世界，架上一座橋。

國珍老師這些年來，正是這樣努力著。

國珍是我的小學同學，我從小就聽學校老師說，他是作家之子。其實，這對任何孩子來說，都是一個沉重的標籤。我想，就他而言，應該也花了很長的時間，探索自己身為一個作家之子的宿命，究竟應該往哪裡去。

最後，他在中年選擇創辦《閱讀理解》雜誌，與國、高中老師結盟，做為推動青少年閱讀素養的先鋒。他勤於奔波全台各教學現場，針對老師舉辦教學工作坊，有時一年超過一百場，這是沒有熱情無法成就的驚人行動。

這本書裡收錄的文章，是他一步一腳印的痕跡。這本書裡面不只教導了閱讀理解的技術，也展現了他博學的視野，與精巧的溝通功力。這種種奇妙的組合，讓他成為今日台灣推動閱讀理解的指標人物。

我旁觀他這些年的努力，心裡覺得震撼。一個曾經背負眾人期待的少年，最終在人生中找到他的天命，並且奮力前進，這真是令人感動的生命歷程。

的確，由國珍這樣一位作家之子，以動人的言語，將閱讀理解的福音送到每個老師心裡，再由老師們帶著福音，傳送到教室中每一個學子的心靈，這樣經年累月花費時間打造而成的閱讀之橋，堅實且恆久，讓作者與讀者之間再無隔閡……。

這樣的心靈工程，想必，終將改變許多人的一生。

重看一次那個夏日女孩的影音，我突然發現，國珍似乎已化身為其中那位亂髮大叔，他順手從書攤拿起一冊書，遞給眼前的少年少女，並且帶著神祕的微笑，說：「拿去看看，你的世界，會變得不同喔！」

推薦序

從閱讀到思考，歡迎來挑戰！

柯華葳／國立清華大學教育與學習科技學系教授

讀這本書，感受到國珍老師不時挑戰自己、也挑戰讀者對於閱讀的刻板印象，特別是有關閱讀一般般、泛泛的答案。

什麼是閱讀？讀者或許有答案，但不知道答案也可以。國珍老師會追問，是這樣嗎？如果那樣，算不算？作者看似論閱讀，更是論思考，深度的思考，換個角度思考，由反面思考。

讀這本書有個樂趣，在於書中的例子與聯想。柯南與毛利小五郎兩個人物都做偵探，但他們的判斷不一樣，一是依主觀經驗判斷，一是依證據做選擇，就像閱讀後的回答，有兩種類型。還有《星際爭霸戰》裡，衝動的寇克艦長和冷靜的史巴克，一個像我們右腦的運作，另一則像左腦的運作。國珍老師透過故事聯想，幫助讀者檢視自己是哪一種讀者，如何回答問題。這些聯想，創造出關乎閱讀的新事例與新思維——這是閱讀。

在本書中，也出現了幾次「作者已死」的概念，意指當作者放下筆的瞬間，就是讀者詮釋的開始，讀者自由自在想像、創造。然而，看似自由發揮的思維，卻框在文本中——在文本中深思，或是自聯想產生新知，也是閱讀。

但在我看來，或許國珍老師最想說的是：「你有挑戰過你的老師嗎？」、「你（讀者）有沒挑戰過作者？」書中提出胡適作品〈差不多先生傳〉的例子，更表達出透過閱讀，作者希望讀者看到與體會的事情——讀者在這過程中會懷疑，也會思考，這更是閱讀！

書，就在你手中。國珍老師邀請你邊讀、邊疑、邊思。

等你來挑戰！

各界佳評

「你所有的閱讀與人生經歷，終究會以某種形式，再現。」

這是我從事教職多年來，一直堅持的信念；國珍的新作，就是最佳的見證。翻閱國珍的大作，隨著他的娓娓道述，我似乎也再次梳理自己對閱讀理解的認知與感受，除了頻頻頓首，也深自省悟。回首多年前與國珍的初識，他義無反顧的邀我一起為閱讀教育而努力，並且踏實的以出版優質期刊作為取徑，年復一年，至不同的場域面對學校教師、家長或學生，數百場的閱讀推廣講座，在數位科技宰制、資訊速食主義當道的今日，一路走來，可謂篳路藍縷，而這本書可說是他多年來集結的碩果之一，是由他醞釀良久建構而成的閱讀理解世界，也是他對閱讀最真誠的理解。我認為，這是一本值得細細品味與慢慢回思的好書！

——許育健，國立臺北教育大學語文與創作學系副教授兼系主任閱讀理解是二十一世紀的基礎能力，未能具備便如同文盲，此為國珍樂意研發與推廣閱讀理解及其策略的深刻體認。

過去幾年，國珍及其團隊協助國小至高中、甚至到大學的老師與學生，在閱讀上找到入門與精進的方法。團隊編寫了多種閱讀素材和評量，有助於學生練習後掌握文本型態和架構、文字的運用能力，以及善用策略增進閱讀理解的層次。這些帶有方法與具理解層次的後設學習，將可累積成學生的閱讀素養，而為學生準備素材和改變教學方法的老師，也因此增強了自己的教學素養。

這本書的出版，彙整了國珍及其團隊在閱讀理解與評量的主要思考、概念架構、方法和許多例子，不論是學生、老師、家長和關心閱讀理解的大眾，皆適合一窺究竟，進而打開對閱讀理解的認識和探索。書的內容帶給讀者的啟發，如同旅者走入變幻多端的鬱鬱森林，因手中的指引而能在其中怡然自得，在開闢路徑的同時還能享受閱讀的樂趣。

——陳佩英，國立臺灣師範大學教育學系教授閱讀，看似尋常之舉，其實大有奧義。

有人閱讀，純粹是為了長見識廣見聞；有人則為了明理尋道；有人看重實用；有人以為創作之資；有人則取來修身，退守格致誠正、進達修齊治平；甚至還想仰觀天文、俯察地理、探古今之變、究天人之際，參贊天地之化育……，諸如此類，目的不同，也就深深影響閱讀的方式。

只是今人之難，卻先難在學校教育往往戕害了閱讀興趣，導致學子一離開學校就失去閱讀興致（甚至厭惡閱讀），即使後來幸運培養出閱讀習慣，可能也未必有足夠的理解能力，這正是國珍兄創辦《閱讀理解》的初心，他想讓更多學子多多接觸教科書之外的多元文章，培養學生閱讀興致與習慣，同時他更想藉此深化國、高中生的閱讀理解能力，獨自堅持多年，努力不懈，情懷很讓人感佩。

這本書在我看來，正是國珍兄將堅持多年推廣閱讀的背後完整思考，全幅呈現，讓大家可以更全面的看見他的用心與堅持，殊為動人。

——張輝誠，學思達教學創始人

黃國珍老師出新書了！這對許多非老師但注重教育的家長來說，是一大福音，因為國珍老師常在校園幫老師們開課，但是這些專業的閱讀課程，家長未必能親沾一二，所以，如今有書籍的整理，真是一大樂事。

記得前幾年，曾說過大學學測、國中會考要考閱讀素養，但後來又不了了之。最近此議題有捲土重來之勢，個人樂見其成。我在國小圖書館擔任志工十餘年，發現：年級愈高的孩子，來借書的人愈來愈少，問問理由，很多是迷上手機及網路，不愛閱讀；也有孩子讀不懂文字書，只看漫畫或圖文書。

國珍老師說得好：我們耗費很多時間在跟（孩子）喜歡或不喜歡（閱讀）拔河，可是閱讀的重要性不在於喜歡或不喜歡，而是一種生存的能力，應有的素養。生活在這世界中，不能拒絕資訊、不能拒絕文字。

這是一本值得老師與家長研讀的好書，推薦給大家！

——小熊媽張美蘭，親職教養／繪本作家

很高興知道黃國珍老師即將出版一本關於閱讀素養的專書，而且有機會一睹為快。如同書名所說的，這本書真的是黃國珍老師毫不藏私的「閱讀素養教與學」實戰手冊。

特別要說的是，黃國珍老師是台灣推動閱讀素養評量，篳路藍縷的先行者之一。在我擔任大考中心主任，開始致力推動素養導向命題精進的階段，很幸運能有黃國珍老師的本土成功經驗可以參考。

謹在此全力推薦黃國珍老師的這本閱讀素養寶典給老師、學生、家長，與所有關心台灣下一個世代教育的讀者。

——劉孟奇，教育部政務次長

我是國文教師，天天在閱讀，也在教學生閱讀。在任教國際文憑IBDP語言與文學課程時，我要教不同類型的文本，而不只是文學作品，這使我重新思考閱讀的本質。直到認識國珍老師，我才豁然開朗。

國珍老師所提倡的閱讀素養概念，有系統的把閱讀條分縷析，也把閱讀素養提升到哲學的層次，甚至成為待人處事、分析問題的系統思考，大大拓展了閱讀的維度。國珍老師把巡迴分享的內容，寫成擲地有聲的大作，為素養導向的教育奠下基礎，是值得家長、教師人手一本的閱讀指南。

特別喜歡國珍老師閱讀世界的智慧，他說：「這世界就如同一位原創作家，述說著他自己的故事，而創作者以他自身的參與，轉譯了他所處的世界，傳達他的感受和觀點。」一起來打開這本書，看看他給我們轉譯的世界，如何迸發大家的思考火花。

——鄭淑華，香港翻轉教學協會副會長

「閱讀理解」是近些年很多校園在推動的計畫，只因學測考試需要，很多考題都以課外書內容來出題，進而很多家長與老師開始重視。

但真正需要讓我們關心的是「理解閱讀」，如果閱讀只為了考試，那麼你最多只能拿到一百分，但如果閱讀是用在人生中更多時刻，你將超過許多一百分。

所以，理解閱讀是出自於對閱讀的喜歡，並且知道閱讀可以陪伴一生之久，就如書中提到了「世界最遙遠的距離是我就在你面前，而你卻不知道我愛你」。閱讀始終都在，只等待你開啟這個近在咫尺的寶藏。

最後向你推薦《閱讀素養：黃國珍的閱讀理解課，從訊息到意義，帶你讀出深度思考力》，不只幫助你閱讀理解更多知識，更讓你理解閱讀在生命中更重要的意義與價值！

——鄭俊德，臉書百萬粉絲社群「閱讀人」主編不管是幾千年前的希臘，或是二〇一九年台灣的某間學校，畢氏定理 $a^2+b^2=c^2$ 永遠是表示直角三角形的三邊長關係。但一段文字不僅因為時空背景不同，還像薛丁格的貓，受到讀者經驗影響，每個人有不同體悟、認知。從這個角度來看，閱讀理解比數學理解還困難，文字背後不是清澈的數學公式，而是一團形狀模糊，必須根據各種線索、前後脈絡、文本以外資訊才能捕捉樣貌的知識。

就像國珍老師說的，過去的閱讀教育大多強調「喜歡」，是一種比較主觀的活動，我想有一部分或許是因為，理性分析它的難度太高，只好訴諸感性。而如今國珍老師建構起的閱讀素養系統，就像一套演算法，讓我們終於也能像數學推導一樣，一步步歸納、解析，實現高效率的閱讀。

——賴以威，國立臺灣師範大學電機系助理教授、數感實驗室共同創辦人

自序

答案讓我好奇，問題引我前進

我寫過許多文章，但是從來沒想過有一天會寫一本書。

生長在作家的家庭，家中出入往來，盡是文壇的巨人與天神。寫書這件事在我心中，有如造物者開天闢地般的崇高神聖。在眾神腳邊仰望，虔誠的閱讀似乎成為必然，那至少是我存在的證明。也因為閱讀，我得以追尋巨人的足跡，看見我以外的世界，對比出我的步伐，在無數的困惑裡摸索，在每個發現後看見下一個方向。不知不覺中，思考成為習慣，答案成為問題，顛覆成為創造，閱讀成為質疑，理解成為起點。

七年前，因為工作內容需要，進行田野調查式的訪談，了解台灣教育的現況，尋找最迫切需要解決的問題。因此，我帶著一個團隊拜訪許多專家學者。當時受訪的學者專家提供從不同面向觀察到的問題，但有一個議題幾乎每一位都談到，而引起我的好奇，就是「閱讀素養」。

當時我的孩子也剛進入學校就學，幾次朋友聚會聊起教育這個話題，我發現，這群在各領域表現極為優秀的人，談起教育，多是個人求學過程中不甚愉快的經驗外，更對當前教育方式與教學內容的一成不變感到不滿，甚至說從學校習得的知識與能力在社會上所用有限，尤其是單一而標準化的答案背誦，與真實工作上需要解決問題的能力之間，存在著相當的落差。固然這些想法包含了朋友們個別的情緒，但我回想起自己的升學經驗，的確很相近。

我求學時不算一個乖學生，並不是行為乖張，而是對無須辨證、理所當然的答案感到困惑，所以常問出讓老師以為我是在搞笑的問題，雖然不曾被重罰，但是一頓訓斥總是難免。當時學校對我而言，是另一種形式的聖所，面對如聖典的課本，虔誠是必要的態度，所以我試著持經念誦，最後也順利就讀我選擇的藝術科系。原本以為在藝術領域裡得以自由，但是另一個基於技術上，畫得好與壞的認定標準，又左右了多數同學創作上的發展。

客觀來看這共同的經驗，我們的教育偏重在知識與技術層面，卻忽視個人差異，犧牲個人發展，要求學生達到單一標準下的「正確」，以至於失落了基於發展個人，給予多元價值思考，開啟自主探究學習的能力和素養。

國內教育學者共同提到「閱讀素養」是我們教育上最迫切需要解決的問題，加上周遭朋友對教育經驗的反思，這兩件事表面上看起來似乎無關，卻在我閱讀關於ＰＩＳＡ國際學生能力評量計畫的報告中，串起這兩者的關聯性。

台灣學生在ＰＩＳＡ評量的表現上，不談整體排名，單就閱讀素養中擷取訊息、統整解釋、省思評鑑三個層次來看，在統整解釋與省思評鑑這兩個層面，與領先國家的表現就有了明顯的差距。這表示，我們的孩子缺乏藉由他所讀到的內容自主進行建構與推論的能力，而欠缺這樣的能力，在真實情境中將會造成合理預測與判斷的困境。更令人憂心的原因，可能是孩子從擷取訊息、形成廣泛而完整理解的基礎能力已經不足。這不禁讓我想到前面所說過往共同的學習經驗。學校的上課方式與升學考試，養成孩子只要記得答案，依附在一致性標準下的思維，導致他們在學習過程裡缺乏自主思考，最後造成這結果。基於這結果與學生在國際評量的表現，就更能理解學者專家為什麼認為閱讀教育是當務之急了。

在一次與工作團隊的長談後，我們決定要將發現的問題，轉成解決問題，展開推動台灣閱讀素養教育，為老師與學生提供教學需要的文本與提問，並以雜誌的形式發行，藉由商業模式，取得持續發展的資源與經費。

還記得當時身邊許多好友都很關心問我：「你在工作上發展得很好，為什麼要蹚這渾水？」、「在這樣升學掛帥的環境下，真的要辦一本與閱讀素養教育有關的雜誌嗎？」我很清楚知道，這是我生命中很大的轉折，包括我的家人要共同承擔的決定。當時我的回答是：「難道我們要看著孩子在教育這個重要的基礎上，就與世界脫節嗎？面對教育，與其指指點點，不如捲起袖子做事吧！」朋友問我：「四十五歲後離開熟悉的工作，投入辦雜誌，你不緊張害怕嗎？」我說：「會啊！但是也很期待開花結果的時候。」《閱讀理解》學習誌就像是我第三個小孩，在半年後二〇一二年正式出刊。

現在是二〇一九年，我們已經進入二十一世紀十九年了，相對於一個世紀的百年，十九年並不算長。但是如果從教育與人口數來看，卻有不一樣的感受。如果我們以目前平均每一年約二十萬人畢業來算，從二〇〇〇年到二〇一九年，有超過三百八十萬人畢業投入社會，三百八十萬人大約占全台灣人口總數的五分之一，而且這群人正是當前社會的骨幹。那麼，在他們接受教育時，是否培養了閱讀素養、獨立思考、發現問題、解決問題等面對二十一世紀巨變時代的能力？這些年隨著國際發展的步調，我們的社會變得更為複雜而多元，這固然開啟個人與國家更大的發展空間，但是從更多大大小小、糾結難解的衝突來看，似乎也在考驗每個人有限或在世代中消逝的理解能力。

身處知識爆炸的年代，世界以驚人的速度改變，未來充滿不確定的焦慮和高度競爭的不安全感。在創造明日世界的同時，學校教授的技能與知識，構成我們和下一代對世界的認知，所以教育本身如何接軌未來，要給予下一代什麼內容，才能讓他們具備生存競爭與實踐自我的能力？我認為閱讀理解和素養，是最重要的學習——從國際性的評量到新課綱的目標與升學考試的內涵，都反映了這時代的需求。

從來沒想過有一天會寫一本書。但是今天寫了這一本關於閱讀的書。

嚴格來說，這不是一本談閱讀如何影響生命的書，但是內容的確論及閱讀與生命成長的關聯。

這也不是一本談如何讀出文章內涵的書，但它可以協助讀者深刻理解文本的深度從何而來。

這更不是一本講述閱讀有多重要的書，但是每個篇章都提供觀點，協助讀者重新認識閱讀的重要。

這絕不是一本談閱讀可以從他人的著作中獲得多少答案的書；反而是提醒我們可以從閱讀中思考多少問題的書。

這是一本關於重新認識閱讀的書。在這過程中，也重新認識我們自己是如何被自己創造出來。

打開這本小書，如果你願意一篇一篇慢慢讀完，在每讀完一篇後，去思考甚至挑戰書中的觀點，或許你會發現我所有的篇章，包括書中那些困惑、好奇、質疑、探究、思辨的過程，本身就是閱讀素養的實踐。不因為擁有一個答案而形成限制，更從答案開始思考，而真正擁有思想與心智的自由。

在閱讀這亙古以來，人類偉大的心智活動面前，我還是像那個在巨人與天神腳邊的孩子。思考與提問成為必然，因為那是我獨立存在的證明，是我能與之同行的能力。答案讓我好奇，問題引我前進。

如果你在書中發現可以給孩子帶來改變的觀念，很好！那是我準備好給孩子的禮物。

如果你讀完後發現有更多的問題，很棒！請讓問題帶領你展開一趟學習之旅，因為那是我準備好要給你的禮物。

輯一

重新認識閱讀，看見世界

閱讀，不是讀一本書的教育，而是閱讀生活，理解世界的教育；是學習的教育；是思考的教育；是自省的教育；是有能力發現並接受自己可能是錯誤的教育。

什麼是閱讀？

以往推動閱讀教育，似乎將「讓孩子喜歡閱讀」視為重要目標；但愈是強調「喜歡」為目標，就愈會被孩子以「不喜歡」為理由拒絕。事實上，我們是可以「不喜歡閱讀」的！因為「閱讀是一種重要的工具」，無關於喜歡不喜歡，那就是每天要用到的能力。

一位好友在他的臉書問了這個問題：「什麼是閱讀？」這問題引起我的好奇，因為這問題看似簡單，要回答卻很困難。當時因為要開會，暫時離開電腦螢幕。大約兩小時後我再回來時，發現在這問題下已經有許多個回答的留言。我很好奇大家回答的內容，所以仔細一一讀完。真的很精彩！摘錄其中幾則如下：

「**閱讀可以讓自己靜心，再出發……**」

是的，在閱讀的過程中，往往是想透過閱讀的內容，讓自己沉澱下來，從別人的智慧和經驗，找到可以再前進的力量，找到可以再出發的力量。

「**閱讀對我來說，是一種讓自己感覺仍存活著的證明。**」

我們都知道笛卡兒的名言：我思故我在。因為我一邊閱讀一邊思考，所以我思故我在，我閱讀故我在，閱讀成為「我還活著，我還存在」的證明。

「**閱讀是呼吸。**」

我覺得這形容很貼切。閱讀和呼吸存在於我們身上的狀態很相近，因為他們幾乎無時無刻在發生，而且若不留意，甚至不會感覺到他們的運作。生活中只要一睜開眼睛，看到外在所有的光、影、符號、文字種種，包括一個人的表情，其實都是在閱讀。所以，閱讀在我們的生活中，一如呼吸，隨時隨地都在發生。

「閱讀可以吸收到別人生命的精華。」

這句話很有道理啊！一本好書就像一份很有營養的食物，吸收食物的營養要先有健康而完整的消化系統，把食物轉化為養分，讓身體吸收。如果孩子消化能力不佳，就算給他再營養的食物，也無法幫助身體健康發展。相較於飲食，閱讀也是同樣的道理。閱讀是取得外在的訊息，理解就是消化訊息的能力，吸收養分、滋養生命。以往閱讀教育的思維，注意力放在閱讀材料選擇上，但是現在開始應該更進一步去了解，孩子到底用什麼能力來閱讀，他在閱讀的過程中學習到什麼、思考到什麼，如何轉化訊息為養料來應用，而不只是記得內容。

「閱讀是和無法及時觸碰的人，在時光交錯中與他們靈魂對話、智慧交流！」

這講得非常好。我們可能沒有機會和自己喜歡的作家當面交流，尤其是千百年前的作者。但是透過文字與閱讀，我們得以和不同時代，無法及時觸碰的偉大心靈，在思想和智慧上進行交流。

我相信看過了上面的這些文字敘述，大家一定也會有自己對於「閱讀是什麼」的看法。但是仔細想想，以上所列的留言似乎沒有回答「閱讀是什麼」這個問題。進一步分析多數人的回答，可以歸納成以下三種：

第一，詮釋了閱讀是什麼：每一個人從他的閱讀經驗，形成對閱讀的了解，詮釋閱讀是什麼。

第二，表達閱讀的重要性：留言提到關於生命、像呼吸一般，與無法及時觸碰的作者進行心靈上的交流，還有讓自己生命沉澱再出發的力量，這些對他們來說都是非常深刻的事情，共同表達了閱讀的重要性。

第三，強調閱讀的價值：他們一定在這個過程中，擁有了、理解了閱讀的價值，他們才會留下這樣的回應。

這些朋友分享在閱讀中美好又深刻的體驗，很大比例跟我們說服孩子，希望他們可以接受閱讀很重要的理由一致。但是長年推動的結果，總是形成互不相讓的拔河，或是將閱讀包裝得很美好有趣，但換來的是活動或教學形式不有趣，學生就興趣缺缺。這長年的對立狀態，在我觀察，並不是孩子不喜歡閱讀，而是孩子通常不喜歡我們給他們讀的東西。許多時候我發現孩子在閱讀他喜歡的內容，例如電玩攻略本那樣複雜的文本，滿滿的人物數據、招式名稱、圖表分析、攻略路徑，卻一點困難都沒有，而且津津有味，欲罷不能。或者他們讀輕小說，那超乎年齡又原始的情境與人物情節，是那樣投入，一本接一本——我自己都沒有那樣的閱讀狂熱。更別提在網路上長時間的瀏覽或與朋友對話。孩子真的不閱讀嗎？會不會其實是我們活在自己想像的美好閱讀情境中，而他們才是鮮活生猛的真實閱讀？或許，是我們忘記了我們是如何開始閱讀的。

我不知道有多少人是因為「喜歡上閱讀」才開始閱讀，我自己的經驗不是如此。我是因為喜歡上故事，為了再次經歷故事才閱讀。每個人喜歡上的東西不一樣，為了更接近或更了解，甚至只是想再次經歷，所以藉由閱讀幫助我們靠近自己喜歡的事物。時間久了，閱讀才成為長久相伴的能力工具。

如果你問我喜歡閱讀嗎？我老實說，我喜歡的是閱讀帶給我的收穫，而不是閱讀本身。

我另外也觀察到，閱讀在不同人身上產生作用所衍生的問題是：「如果不喜歡閱讀的話，還需不需要閱讀？」

以往推動閱讀教育，似乎將「讓孩子喜歡閱讀」視為重要的目標，我們一直基於這個目標，試圖去告訴孩子「你應該閱讀」，而且希望孩子能夠「喜歡上閱讀」。弔詭的是，愈是強調「喜歡」為目標，就愈會被孩子以「不喜歡」為理由拒絕。事實上，我們是可以不喜歡閱讀的，但是我們無法迴避，我們需要透過閱讀為生活帶來改變。

我有一些朋友，而且是非常高端的管理者，他們每天有很多工作上的內容需要大量閱讀與分析，例如產業報告、趨勢發展。他們都非常善於閱讀，他們也幾乎一致認為，就閱讀這件事來說，沒有喜歡與不喜歡的分別，因為那就是每天要用的能力。不過對閱讀內容的選擇，當然就有各自的偏好了。我們耗費很多時間和孩子在喜歡與不喜歡之間拔河。可是閱讀的重要性不在於應該喜歡或可以不喜歡，而是生存必須擁有的能力，應該具備的素養。生活在二十一世紀的世界，訊息建構出生活的環境，左右個人的行為。當生活中被這些訊息包圍時，任何人都難以置身其外，因此，具備閱讀與理解能力的重要性，超越個人的好惡感受。回到現在的教學現場，為什麼教育部一〇八的新課綱裡要特別提出孩子應有閱讀素養，因為那就是生活的基本能力。如果連這個基本能力都不具備，面對這麼多元而龐大的資訊，孩子將無法判斷，也無法為他自己的發展使上勁，更無法深入參與這個社會。

閱讀是不是真的美好？如果從行為來看，閱讀真是一個孤獨的行為啊！但是我很多朋友包括我自己，都在閱讀中經歷過心靈上的高峰經驗。那是因為我們進入了閱讀中的世界，例如我讀劉欣慈的《三體》、米蘭．昆德拉的《生命中不能承受之輕》、榮格的自傳，在閱讀的那段時間裡，似乎時間消失了，我不存在了。我很肯定閱讀中有美好的經驗，臉書上朋友的分享看來也是如此。不過你是否發現，每位留言的人都沒有提到他讀哪一本書，如果把書也一併分享出來，想必不同類型的書又會引發喜歡與不喜歡的選擇。閱讀的內容或許有個人好惡的選擇，不過閱讀理解的能力與素養，不單是為個人喜好服務而已，應該放到真實生活廣泛應用的層面來看待其重要性。

最後，如果要我回答「閱讀是什麼」，我認為，閱讀是一個重要的工具，無關乎喜歡不喜歡，每一個人都需要有能力使用這工具。至於這工具要用來探究世界，娛樂自己，發展個人或參與社會，都有其個別當下的需要。孩子是否擁有閱讀的工具？會不會用？可以創造什麼結果？這些才是我關心的事。期待我們的閱讀教育，成為讓孩子能掌握閱讀工具的教育。相信當他發現這工具可以帶給他幫助，他就會喜歡、珍惜並且愛上它了。

多讀，你就會了嗎？

有篇多人分享的網路報導建議以「提升閱讀量、養成閱讀習慣、形成語感、戒除3C產品」來提升孩子的閱讀素養；這幾個觀點，分別來看似乎頗為合理，但有沒有可能，這些個別觀點反而造成對閱讀教育的誤解？對於翻轉中的教育，我們又該如何建立正確的認知？

這幾年翻轉的風潮吹開了令教育窒息的迷霧。

在許多老師自發性的努力下，我們看到台灣的教育開始有了新面貌，不同的教學方法釋放了教育者的熱血靈魂，網路社群上有許多老師分享共學和交流的資源，教育當局雖然在制度設計上有改善的空間，但是我們樂於見到台灣整體教育為了走向更好的未來，而激發出不怕失敗，勇於創新的前進力量！我們與各位老師正以這樣的精神與態度，告別舊時代，迎接新紀元。

過年前正好大學學測剛結束。這次學測結束後，媒體、老師與各教育機構不約而同都提出相似的看法——過往填鴨式反覆練習的時代遠去了，以多元閱讀、思辨理解為主的能力素養學習時代，正式來臨。

在能力素養學習中，又以閱讀最為核心，但教育現場在說明「閱讀」的重要性時，大多著墨在考試的關聯性上，並沒有明確建立閱讀教育在內涵與能力上的關鍵認識，以至於教學現場與多數家長認為，只要給孩子大量的書閱讀，或認為孩子已經有閱讀習慣，就照顧到孩子的閱讀教育，而眾人正在談的問題與我無關。這是對閱讀教育的誤解。

閱讀教育，若從「閱讀」兩個字來思考，焦點自然會放在我們看得見的外在行為上，侷限於「閱讀書籍或不同媒介上的資訊」的狹隘觀點。事實上，當前閱讀教育著眼於「閱讀歷程」，這個概念涵蓋了「讀取資訊」和「處理資訊」兩大部分，代表取得外在資訊，並建構成意義與學習的過程。藉由此精熟過程，讓閱讀深化為學生具備的素養。

過去幾年，我們以品學堂《閱讀理解》雜誌和許多老師建立合作的夥伴關係，協助學校有系統的、循序漸進的，為孩子打下扎實的閱讀理解能力，並驗證了孩子平時能力得以養成，需要有教學者陪伴，並透過提問參與他們的閱讀歷程。但還是有許多學校跟家長，在觀念上對閱讀教育有所誤解。之前網路上一篇許多人分享的報導，整理了四點提升孩子閱讀素養的建議：

一、提升閱讀量。

二、養成閱讀習慣。

三、形成「語感」。

四、戒除3C產品。

這些你我早已熟悉的論點看似合理，卻是導致大眾對閱讀教育認知偏差的片面性觀點。

「片面性觀點」危險的地方不是個別觀點本身錯誤，而是個別觀點之間缺乏系統性的連結，造成對閱讀理解教育因斷裂的認識而形成的誤解。我們就用PISA評量[1]的閱讀素養中「省思評鑑」的思辨能力，來檢視這些建議的盲點。

1 PISA國際學生能力評量計畫（the Programme for International Student Assessment）為經濟合作暨發展組織（OECD）所主導的一項國際性的大規模評量計畫，目的在評估十五歲青少年的閱讀、數學和科學三個領域的素養。這項評量計畫從二〇〇〇年起每三年舉行一次，輪流針對一個主要領域做詳細測試，如二〇〇九年以閱讀為主，二〇一二年以數學為主。台灣是從二〇〇六年首次參加。更詳盡的資訊可參考臺灣PISA國家研究中心網頁：http://pisa.nutn.edu.tw/pisa_tw.htm。

一、**關於大量閱讀的盲點**：缺乏能力養成，就像擁有頂級食材，卻沒有基本料理技能的廚師！

大量多元的閱讀，在養成孩子閱讀能力上的確是基本功夫，許多孩子閱讀大量書籍，也熟知文中的重點或知識，它有助於累積豐富的詞彙與多元知識，但是未必能養成理解所需，統整訊息以建構、推論上位認知的能力。以至於面對理解型的提問，需要應用當下閱讀所獲得的訊息時，依然無法建構出對應提問的答案。這就像一位不具備廚藝的廚師，即使面前放滿山珍海味的珍貴食材，也做不出色香味俱全的佳餚。因此要有以培養理解能力為基礎的教育，才能處理資訊材料，形成理解與觀點。

二、**關於養成閱讀習慣的盲點**：有運動習慣的人，不必然能成為運動健將！

「養成閱讀習慣」這個觀點的邏輯是：有閱讀習慣，才有機會培養出閱讀理解的能力。然而這說法混淆了「閱讀習慣」與「閱讀理解能力」的因果關係，似乎有了「閱讀習慣」就會自然而然擁有「閱讀理解的能力」。事實上，習慣不是形成能力的必要條件。運動選手要進步，除了經年累月的練習外，還要依靠教練的指導，發現他自己未察覺但需要改正的錯誤。同樣的，依據教學現場老師教學的經驗和觀察來看，「閱讀理解」是可以透過練習與引導而精進的能力，從精進能力的面向來看，閱讀習慣的影響，可能還比不上師長與孩子一起閱讀，藉由討論問題的過程，檢視孩子的能力條件，並給予指導來得有效。

三、**關於形成「語感」的盲點**：文學作家或詩人應該有敏銳的「語感」，但是面對科普、數學或社會科的題目，「語感」的幫助有多大？

閱讀作為一個重要而嚴肅的學習項目，需要對學習內容有嚴謹的定義，因此，我們不妨先確定一下，什麼是「語感」。

「語感」是一種心理層面的能力，指言語主體能夠在當下頓悟般的理解言語形式，並能創造性的生成新的言語形式的能力。簡單的說，「語感」就是「人對語言文字的感受能力」，當讀者面對的是一篇文學作品，可以透過「語感」去理解並詮釋那篇作品。但這也引發另一個問題，「語感」既然是人對語言文字的感受力，不同的人則會受其生活閱歷、知識背景等影響而有不同的感受，詮釋的結果當然也會有別。如此一來，僅以命題老師的答案為標準，豈非有一定的風險？若一位學生的感受更為深刻，超越命題老師的理解範疇，誰對誰錯？「語感」固然是賞析作品所需的能力，但是足以作為客觀評量「是否理解」的依據嗎？如果不行，在教學上，學生更需要的客觀的能力是什麼？從PISA這項國際性閱讀素養評量來看，藉由文本訊息建立客觀的理解脈絡，更符合閱讀理解的要求。

四、關於戒除3C產品的盲點：發生車禍的責任不在於車子，而是車子的駕駛者。別把使用工具的規範問題，解讀為工具本身帶有危險性的問題。

我先不去論述PISA對數位閱讀的重視和數位時代資訊呈現的趨勢，我只想用簡單的思維置換，來說明這看法的謬誤。試想我們活在文字還刻在竹簡上的時代，有一天出現了把文字印在紙上的書冊，你會認同「戒除紙製書冊」的說法嗎？如果不會，為什麼要認同「戒除3C產品」的說法？的確，3C產品正在影響孩子的閱讀樣態，但孩子該學會的是正確使用工具的態度和善用數位閱讀環境的能力，而不是戒除不用。

這篇網路報導對閱讀教育的觀念，反映了大多數人的認知依舊停留在「多讀，你就會了」的階段，而報導中指出「老師們在教學上明顯感覺很吃力」的原因，是學生整體程度又往下掉。這種論調完全無視另一個更值得關注的問題：老師該如何帶領學生習得閱讀素養，以便擁有理解與思考能力？更進一步來說，報導中隱藏一個被忽視的殘酷事實，就是學生的能力正反映出老師的能力。

對於台灣的教育問題，似乎只要從制度和主管機關著手，就能找到問題的源頭，也有了承擔責任的對象。但是這樣的想法，正好形成完美的「責任迴避機制」，因為問題都不是我們造成的，是制度與環境使然，於是所有人都可以忽視一個擺在眼前的事實——我們就是教育環境的創造者，對翻轉中的教育建立正確的認知，是我們無可迴避的功課。

從甲骨文到 iPad

遠在四百多年前的大航海時代，奔向遠方未知之地的探險家，除了冒險的意志，也需要具備精熟的方向判讀、修正航道等能力。而身處當代浩瀚的數位閱讀之海，指引航道的不再是星光或島嶼，而是一個接一個的關鍵字，或是在片段資訊間形成的疑問，幫助我們抵達預定目標，甚至指引出新航道、發現新大陸。

前一陣子因為工作需要，在網路上重新閱讀一些熟悉的歷史文化材料。過程中，電腦螢幕上出現一張甲骨文的圖片，這圖片為高畫質檔案，極為清晰，而且可以將它放大數倍，看出龜板在刻上甲骨文前，經過刻意的處理，甚至從字體在龜板上呈現的情況，可推測當時工匠使用的工具與力道等細節。我因為好奇，隨手就查詢了甲骨文的製作方法，發現商朝人光處理動物甲骨就有六道手續，文字是以青銅刀和玉石刀刻寫在甲骨上。這高品質圖文並陳，隨時查詢資料的閱讀與學習經驗，和我在國中上文化教材與歷史課，從課本上看著黑白印刷、模糊不清的甲骨文拓本，差異極大。

隨著時代與科技改變，學習的樣貌和學生應該有的能力也改變了。當我心裡正如此感慨時，眼睛餘光剛好看見書桌上平放著的 iPad 。那一剎那我腦中靈光乍現，忽然有個有趣的聯想：「原來古人就在讀平板啊！」乍聽之下這有點無厘頭的好笑，但是從尺寸、厚度與目的，刻有甲骨文的烏龜腹板和真正的 iPad 之間，確實有相應之處，而且值得反覆玩味。

甲骨文是中國及東亞已知最早成的文字系統之一，使用於商朝晚期。而這些文字是王室用於占卜記事而在龜甲或獸骨上契刻的文字，甲骨文上承原始的象形符號，是漢字發展的關鍵形態，雖然大部分還沒有被釋讀出來，但許多學者對甲骨文的研究，已帶來文字流變與文化意義上的重要發現。

關於甲骨文的研究，屬於極專業的領域，我們未必能輕易理解，但是從甲骨文到平板 iPad 之間則有個相應之處，容易理解也值得關心，那就是從古至今，文字與知識的載具不斷改變，但「閱讀」與「學習」從來沒有消失過。

當文字符號創造出來之後，先是刻在甲骨或竹簡上，織布技術發明後，寫在布匹上，造紙技術發明後寫在紙上，印刷術誕生後印製成書，最後透過數位技術呈現在數位載具上，文字的載體隨著文明發展和科技進步，隨著每個時代的演進而有不同。同時，為了表述更為複雜的世界，滿足表現或說明的需要，文字符號也持續發展而更為多元。但是人們在這些載具上閱讀符號、取得訊息、化為需要的行為，經過漫長的歷史文明更替，卻從來沒有改變過。

閱讀文字符號的行為，是我們原始認知世界能力的延伸。從直接閱讀世界而認識萬物的基本能力，延伸為閱讀他人轉譯世界的文字與符號，從而認識世界萬物與自己。因此閱讀從來沒有消失過。在當前的數位時代，數位載具與生活緊密結合，我們需要更多資訊幫助我們在複雜的世界中生活，閱讀的行為更為頻繁，閱讀的內容更加多元複雜，理解萬事萬物更顯重要。「閱讀」這項工具，為個人帶來學習、理解、創造、發展，成為一項最重要的素養。

數位時代改變了許多我們原先十分熟悉的事物，包括閱讀在內。過去以紙本為主體的閱讀和數位時代在數位載具上閱讀，兩者之間最大的差異並不是載具本身，而是環境與讀者本身的態度和能力。

如本文開頭談到，因為需要上網搜尋資訊，每每面對浩瀚無邊的資訊之海，我便不禁聯想到十五到十七世紀的大航海時代，或稱為探索時代（Age of Discovery）。海洋原本侷限了在陸地上生活的人們活動的範疇與學習的疆界，但是出於對海洋另一端的好奇，加上經濟貿易與生存的需要，人類離開陸地航向海洋。航行的距離是欲望與意志的加總，從而發現新世界，證明對世界的想像，擴大對未知領域的探索，開啟了一個偉大的時代。當代互聯網世紀的數位閱讀，在精神層面與態度上則一如大航海時代。現在的學生面對資訊之大海，只要自己有意願，對遠方的彼岸懷抱興趣，想要挖掘藏在其中的智慧，則學習再也不會受學籍、年段、時間、地點等限制。只要連上網絡，幾乎所有問題都找得到可能的答案，各式議題都有專家分享內容，個人可以在最低的條件下，為自己的學習開啟偉大的航道。

在大航海時代，每一次偉大的航行，除了冒險的意志外，也需要精熟的能力來協助。尤其是訂定方向、修正航道的功夫。數位閱讀也是如此！探險家每趟探索都有一個目標，在航行中一座島嶼、一陣風向或一點星光，都是方向的指引。數位閱讀也是，但指引航道的不再是星光或島嶼，而是一個接著一個的關鍵字。透過預設的關鍵字或片段航程所看見的內容，統整出新的問題化為下一個搜尋，指引出新航道或修正偏離的方向。最終，能在學習上創造經驗，繪製新的知識版圖，抵達預定的目標，甚至發現新大陸。

數位世代的閱讀者，繼承著大航海時代探險家的精神與技能，在不同的時空條件下，向未知的領域探索學習。

一開始，我聊到在網路上搜尋到甲骨文圖片。我們都學過這些商朝晚期的甲骨文是用於占卜記事，就知識而言，這足以說明其功能，解釋文字的流變。但是從這資料，我更好奇的是：「人為什麼想要占卜？」我繼續在網路上搜尋一番，而且不出意料，所有的解釋可以統整出一個答案：「人面對未知，都渴望答案。」這正是從甲骨文到 iPad，跨越時代，跨越載具，人們持續閱讀的重要內在動機。

閱讀從來沒有消失過，但是形式更為多元，訊息更為複雜，而理解更為重要！

我們活在一個可以操弄理解的時代

在這個資訊爆炸且高速交流的時代，事事求效率，往往少了一點假設和推論的思辨，依賴經驗或直覺去判斷，因而被操弄卻不自知。那麼，孩子是否具備好奇、質疑，以及假設、自主探究的「高階思考力」，去面對這個複雜、多元又充滿未知的世界呢？

「**世界最遙遠的距離是我就在你面前，而你卻不知道我愛你**」

這段話寫的深刻動人，傳達了愛、無奈、失望、期待與默默的堅持。這麼美的文字，你可知道源出何處嗎？如果你說「泰戈爾」，很棒，那表示你之前讀過這段話，不過可能不是讀原著，而是從網路上看到的。記得是泰戈爾很好，但是這段感動許多人的文字，並不是諾貝爾文學獎得主印度詩人泰戈爾所寫，而是出自香港作家張小嫻在一九九七年發表的小說《荷包裡的單人床》。張小嫻的原文如下：

世界上最遙遠的距離
不是生與死的距離
不是天各一方
而是，我就站在你面前
你卻不知道我愛你

張小嫻曾經親口在公視頻道蔡康永主持的《今夜不讀書》節目中，說她解釋過很多次了，不曉得為什麼大家會誤傳成是泰戈爾的作品。這段網路上瘋傳的金句，竟是一場網路資訊的大烏龍。這個誤會是怎麼造成的？網路上至少有四個版本的解釋，有興趣的話可以上網查。但是我從這個事件上看到一個有趣的現象：在這個時代，我們分享的速度比理解還快！

沒有任何時代像現今一般，訊息的取得和交流如此廉價又頻繁，而判斷的時間卻如此有限。依賴經驗或直覺的快思主導了閱讀的理解，卻疏忽了多一點深究的慢想。

我自己跟許多人一樣，第一次讀到「**世界最遙遠的距離是我就在你面前，而你卻不知道我愛你**」這段話，是因為朋友分享在臉書上，閱讀的當下我也被這深情的文字打動。在感動的同時，我的腦子也轉動了起來：「泰戈爾的詩集，我之前讀過，也很喜歡，但這段話是出於泰戈爾哪一首詩？前後文又寫了什麼？這首詩的主題是什麼？」在「想知道更多」的好奇心驅使下，我開始上網查詢。沒想到才在網頁鍵入關鍵字，馬上發現這句話根本不是泰戈爾的作品。這很驚人啊！不到一分鐘就能正確理解的事，卻在網路世界裡被這麼多人誤傳！

這讓我想到另一位小說家說的話。

安伯托．艾柯（Umberto Eco）是一位享譽世界的哲學家、歷史學家、文學批評家，更是全球最知名的符號語言學權威和小說家。艾柯在他四十八歲時才推出第一本小說《玫瑰的名字》，該書自一九八〇年出版後，迅速贏得各界一致的推崇與好評，除榮獲義大利和法國的文學獎外，亦席捲世界各地的暢銷書排行榜，銷售迄今已超過一千六百萬冊，被翻譯成三十五種語文。一次他接受採訪，記者問他：「虛構能以它的某種方式獲得實體和真實嗎？」作為一位語言符號學家和小說家，安伯托．艾柯如此回答：「是的，虛構能夠創造真實！」

虛構能夠創造真實，乍聽之下令人不解，但真實的情況似乎是如此。在小說的領域中幾乎所有作品都有杜撰的成分，一如日本小說家村上春樹在二〇〇九年耶路撒冷文學獎的得講演說「永遠站在雞蛋那一邊」中所言：

今天，我以一名公認的謊言製造者，一名小說家的身分，來到耶路撒冷。

不只小說家說謊，當然。如我們所知，政治人物也說謊。外交官與軍人有他們專屬的謊言，二手車銷售員、屠夫和建築師也是如此。不過，小說家的謊卻有所不同，沒有人會批評小說家的這些謊言是不道德的。沒錯，就像他的謊說得愈大、愈好、創作愈巧妙，愈會受到大眾和批評家的讚美。為何如此？

我的答案是：透過說巧妙的謊，亦即，透過編造幾可亂真的虛構小說，小說家可以將真相帶到新的位置上，讓光明撒在它身上。

這段文字真是精彩，尤其是讀完全文更有一份尊敬油然而生。但是我們先不談全篇演講，只談引用的這段內容中指出的一個真相——每個人都有他專屬的謊言。

關於專屬謊言，下面的例子會更有真實感。

很多人包括我自己，都接過詐騙電話，通常詐騙電話中，對方都會給你一個虛構卻真實的情境。他說的都是假的，但是你匯錢出去是真的，如安伯托．艾柯所說：「是的，虛構能夠創造真實！」

這真的是個困擾人的情況，因為我們腦中的「相信」決定我們對「真實」的認知。

根據科學家對大腦與認知的研究，人類的大腦認知這個世界有一個具體步驟，順序如下：

取得資訊與經驗（Observable Data & Experiences）

意涵（Meanings）

假設（Assumption）

結論（Conclusion）

相信（Beliefs）

行動（Actions）

人類建立認知的過程中，在原有的先備知識與經驗條件下可用「快思」做選擇，大腦無需費力，不會消耗大量的能量，非常省事。但是未經假設與推論的思辨過程，就直接相信而採取行動，如同前面提到詐騙電話的例子，聽到訊息組成的情境後，直接相信就匯錢出去，也就是跳過假設即下結論。這正是孩子在閱讀中形成誤解的一個重要原因。因此，我們要讓孩子扎下「高階思維」的基礎。高階思維不代表去思考高階的問題，而是要具備進行高階思考的能力。前面所提到的大腦認知步驟中，與高階思維有關的步驟，就是「假設」。當我們面對一個事件、一個情境，會感到「好奇」甚至產生「質疑」，都可能開啟探究與驗證的「慢想」。其根本的態度或動機就是「想要知道更多」，也因此有再次學習的機會。

如果把眼前的資料或別人的觀點，理所當然的視為答案記憶下來，那答案就成為認知與思考的終點；如果帶著好奇或質疑的態度來看待一切事物包括答案，那每個答案都將成為探究與學習的開始。

你相信我所說的嗎？如果你相信，我所說的都將是真實。其實我更關心的是，我們的孩子是否具備好奇、質疑、假設和自己去探究的能力？面對這個複雜的世界，如果沒有這些條件，那麼這世界對他們而言，將會是個難以分辨真偽的世界，而他們將成為可以被操弄的世代，因為我們活在一個可以操弄理解的時代！

AI時代，為什麼學「素養」是當務之急？

速度改變了世界與生活的樣貌，人腦與電腦的圍棋對弈，更揭示了AI時代的到來。
過往讀寫算的知識傳授，不足以因應快速變遷、複雜多元的環境，批判思考、問題解決、有效溝通、團隊合作與創造革新，這些在新課綱中都化為「素養」，讓孩子有能力面對未知的二十一世紀。

二十一世紀是個豐富多元又充滿挑戰的世界，與之前歷史階段最不一樣的地方在於「速度」，例如交通行進的速度、創造發明的速度、社會改變的速度等。「速度」改變了世界與我們生活的面貌，在工業革命之前的生活型態，是以數十年甚至是以世紀作為變遷的單位，一套知識上的認知或專精的技能，就足以滿足一生的需要。但是互為因果的，人類創造出對世界的理解與自身生活的環境，構成複雜的系統，以超乎我們可以應對的條件改變著。這使未來充滿不確定的未知，形成焦慮和高度競爭壓力下的失落與不安全感。

學校教授的技能與知識，構成我們和下一代對世界的認知。教育本身如何接軌未來，要提供什麼內容，才能讓我們的下一代具備生存競爭與實踐自我的能力？在思考這問題的同時，許多未來已經成為必須面對的現在。

二〇一五年五月，中國大陸的圍棋天才柯潔與人工智能 AlphaGo 進行第二次三場決勝的圍棋對弈。這場被譽為「人腦與電腦世紀之戰」的棋局，最終在柯潔三負完敗告終。在賽局結束後，AlphaGo 之父、Google DeepMind 的執行長德米斯．哈薩比斯（Demis Hassabis）發了一則推特，感謝柯潔帶來如此美妙且充滿啟發性的比賽，文中他以「向一位真正的天才致敬」表達對柯潔棋藝的推崇。沒有意外，這個結果再次引起世人對人工智能的廣泛討論。

大眾對人工智能發展的看法有著極大的差異，有些人樂觀且充滿期待，有些人則抱持著懷疑或憂心，尤其是人工智能將大量取代人類工作的趨勢。這是個複雜的問題，大眾的焦慮可以理解，因為生存的技能一旦被取代，面對的就是生存的困境。回顧工業革命以來經濟與社會發展的情形，機器不斷進步創新，並且持續取代人類工作，但人類也不斷透過與機器協同工作，推動現代文明前進，同時創造新的工作項目。如此看來，工具的發展，似乎對人類生存的影響又未必全然是負面的。

在各界的注目下，AlphaGo 與柯潔的圍棋對弈看似一場人工智能與人類未來命運的對決，柯潔輸了就代表人工智能將取代人類。關於這場比賽，我的看法有些不同，我不認為這場比賽如表面看來是人工智能與人腦的對決。這次對弈從本質上來看，依然是人與人的對弈，是「擁有人工智能的人與沒有人工智能的人」之間的對決，換言之這兩種人在條件上有差別。其結果很明顯，擁有人工智能的人贏了這場比賽——這才是我們需要思考的結果。因為從人類文明發展的過程中，凡是有能力創造或擁有超越性工具的族群，就擁有了決定生存高度與制定遊戲規則的權力。

單就人工智能未來的發展，究竟會成為創造文明跳躍性進步的力量，或是促使人與人之間的差異更形擴大？未來是如此複雜，還有許多難以用單純思維探究答案的問題。我們的下一代是棋子？是棋士？還是重寫規則的人？這一切，挑戰著我們面對問題的能力和對教育未來的想像。

不少家長都想贏在起跑點，儘早將各種才藝及知識灌輸給孩子，他們相信孩子愈早接觸這一切，未來就愈能出類拔萃。許多人更認為，擁有知識就等同於擁有智慧。事實真是如此嗎？教育中是否還有比擁有知識更重要的事？我認為還有！但是請別誤會我認為習得知識不重要。我只是想釐清，我們往往把答案本身視為有價值的知識，卻忽視了發現問題、探究答案，是更為重要而且有價值的知識與能力。

一〇八年將正式實施的十二年國教新課綱公布後，「素養」一詞在教育圈內廣受討論。教育當局為各級學校舉辦許多素養導向的課程以及與評量設計相關的說明會、工作坊，替教育現場帶來全新的思維。

在教育部公布的「十二年國民基本教育課程綱要總綱」中，第肆大項「核心素養」的定義為：

「核心素養」是指一個人為適應現在生活及面對未來挑戰，所應具備的知識、能力與態度。「核心素養」強調學習不宜以學科知識及技能為限，而應關注學習與生活的結合，透過實踐力行而彰顯學習者的全人發展。

從這定義可看出，以「素養」為導向的教學目標，有別於過往著重給予知識內容的教學，它是要更進一步，透過與生活情境結合的課程教學設計，讓學生實踐從知識學習到生活應用的學習，建立適應生活與面對未來挑戰、發現問題、解決問題的能力。其終極目標是讓每個人成為一位終身學習者。

台灣近幾年在產業升級與國際競爭上面臨前所未有的挑戰，尤其缺乏具有思辨並提出能創新方案的人才，以致落於苦苦追趕的位置。探究其關鍵所在，是因為我們對人才養成教育的能力論述與指標，與國際上對未來人力要求的條件有相當的差距。因此，前面引述新課綱以素養為導向的核心內容，雖然與過去大眾熟悉的教育內涵不同，但是絕非無的放矢，而是為了讓台灣學生成為國際未來人才應具備的條件所做的關鍵變革。

對於未來人才的核心能力，許多不同的研究單位與專家學者都提出相近的觀點，歸結到最核心的共同觀點是：知識進展日新月異；教授知識，不如給能力。有鑑於此，世界各國的教育政策皆逐步轉向培育學生二十一世紀關鍵能力，特別是高層次的思考能力，而非一味的傳授各學科領域專業知識。

關於二十一世紀關鍵能力指標，歸納大家較熟悉的核心能力，除了傳統教育即已強調的3R：讀（reading）、寫（writing）、算（arithmetic），還包括因應當前複雜多元環境、新形態工作組織、以解決問題為導向的4C：批判性思考與問題解決（critical thinking and problem solving）、有效溝通（effective communication）、團隊共創（collaboration and building）、創造與創新（creativity and innovation）。

在《教育大未來：我們需要的關鍵能力》（*21st Century Skills:Learning for Life in Our Times*）這本被教育圈廣為討論的書中，也介紹了美國企業界由蘋果、思科、微軟等國際企業與美國教育部所共同創立的「二十一世紀關鍵能力聯盟」（Partnership for 21st century skills，簡稱 P21），於二〇〇七年透過調查，了解二十一世紀人才的關鍵能力包括：批判性思考、問題解決、電腦與科技技能、溝通、團隊合作和自我導向等能力。仔細看看，這些核心條件都少見於過往的教學內容，但是在新課綱中都化身為素養，為台灣教育設定了新目標。

當前以素養導向為教育目標，絕非一個空泛的口號，而是在面對充滿未知的二十一世紀，為下一代培養生存與競爭的基礎做準備。當我們了解素養導向教育的重要性，下一個問題也隨之而來：要如何落實於教學現場，才能培養孩子擁有這些素養，成為二十一世紀的人才？

我們常聽到一個說法：「孩子是未來的主人翁。」這話雖然沒錯，但是讀起來總感覺背後還藏了一句潛台詞：「創造未來是孩子的責任。」這觀點我並不認同，因為孩子創造未來的能力是我們現在給他的。所以，所有的家長和教育者共同的改變，才能讓孩子成為二十一世紀的人才，成為創造未來的關鍵力量。

世界不會等待台灣，它改變的腳步不會停歇。面對這樣的現實，我們唯一能做的是就以二十一世紀的速度，追上它！超越它！

閱讀的神祕之旅

一個不知道地點、也不知道玩幾天的旅行套裝行程，竟在日本大賣！這如同我們生命的真實情境——人生的下一秒鐘會發生什麼事情，你完全不知道！但正因這個不知道，結果可能帶來驚喜，也可能讓你錯愕。同樣的，我們在生活中要面對的「文本」，都不是我們能主動選擇的，也不屬於單一知識範疇，但是，都需要我們去理解。

有一次為國中老師舉辦一場跨領域閱讀工作坊，因為是跨領域，所以國文、自然、社會、數學各科老師都有，在沒有刻意安排下，各科老師也很自然都坐在一起。當天我特別選了一篇科幻小說，是二十世紀最受推崇的科幻小說家以撒·

艾西莫夫（Isaac Asimov）的經典作品，也是他個人最滿意的短篇小說《歿世問》（*The Last Question*），作為當天討論的文章。

文章發下去沒多久，各科組的老師之間似乎有了小小的騷動，而且各組間也不時互望，小聲相互詢問。我注意到這情況，也大概知道是什麼原因，因此我問各位老師：「請問各位老師有什麼問題想提出來討論？」一如往常，學生和老師都一樣，有想法卻未必會在第一時間提出來。

我這次刻意讓等待的時間長一點，長到空氣中似乎聞得出一絲尷尬。果然，一位自然科老師舉手了，他接過了我手上的麥克風，開口說：「這篇文章是一篇小說，雖然有重要的觀念和物理有關，但畢竟還是一篇文學作品，所以這不是我學科的材料，或許國文科老師比較能掌握。」這時一位國文科老師接著回答：「這篇是文學作品沒有錯，但是科幻小說這種題材我們接觸也不多，而且內容只要是跟科學有關的部分，我會看不懂，所以這篇處理上有難度。」

聽完雙方的說明，我很感謝兩位老師的坦誠，因為這正是我想讓老師獲得的體驗。

這篇科幻小說如果從學科本位的觀點來看，無論自然老師或國文老師，雙方都不認為是自己科別能掌握的材料。那下一個有趣的問題是，科幻小說這類內容該歸到哪一科？這又衍生出下一個問題，真實世界的情境難道是以分科的條件存在嗎？閱讀上我只需要讀我擅長的內容，其他的內容我可以選擇不去讀它？這世界真的可以容許我們如此單一純粹的在閱讀上自主選擇嗎？

二〇一八年十一月，我們才剛參與一次包含許多重要議題的公民投票，內容包含能源選擇、多元性別、國際參與……，假設是從學科專長來決定我們能否閱讀這些議題內容，那麼只要我們不具備火力發電、性別研究或政治學與國際關係的專業，就沒有資格參與公投了。如果我們無法接受前述的假設情況，那麼我們為什麼可以接受一篇如科幻小說形式的文章，只因為自認為不歸屬於學科內或非專業，就放棄閱讀呢？

日本有一個旅行社曾經推出一個極有趣的行程，他們依不同的費用來規劃不同天數的行程，想參加的人必須先繳清費用，而且無法退費。待旅費繳清、簽完同意書之後，服務人員會給你一疊符合你預算的密封信封，你任意抽出一封，當場打開，直到此刻你才知道你要去的地點，例如，越南五天四夜、菲律賓四天三夜等，一星期後出發，機票及住宿飯店已經含在其中，其他就看著辦了。

你猜這商品賣得好不好？賣得超好！它在很短的時間內就成為詢問度最高的熱銷商品。

我很佩服這商品的企劃人員，事實上這個商品就是把賣剩的機票和沒賣出去的飯店房間重新組合，包裝成為一個交給命運安排的「神祕之旅」，結果在商業上創造出一個成功的行銷案例。

但是讀到這則報導時，我不知道那家旅行社的企劃人員是有意或是無意，讓這個商品反映了我們生命的真實情境——在人生裡面，你的下一分鐘、下一秒鐘會發生什麼事情，你完全不知道。但是正因為你不知道，所以可能帶來驚喜，也可能讓你錯愕。同樣的，我們在生活中的閱讀所面對的大部分「文本」，都不是我們能預期或有主動選擇的機會，但是都需要我們去理解。

在生活中，我們一直誤以為我們可以選擇閱讀的內容，例如一本小說，一篇散文，一則網友的貼文等．然而，大部分真實的情境是我們被迫閱讀文本。或許你有些懷疑，不妨看看下面幾個例子。

老師每天都要看學生的作業、考卷或作文，行政業務的卷宗，教育部的公文，家長的 Line 留言，教科書出版社給的介紹資料，還有其他種種生活中瑣碎的資訊。

上班族更不用說：手中的業務報表、向客戶報告的資料、老闆臨時要的檔案、市場調查數據分析……。就連我們在家看電視，每一則廣告都不是我們選擇的，每一天社會上都有意想不到的議題發生，產生許多不同立場的議論，形成排山倒海的訊息，迫使我們必須去閱讀。

我還可以繼續舉例，不過我相信你一定覺得夠了，因為光這些例子就足以讓我們頭昏眼花，感同身受。或許，這正是有那麼多人逐漸失去深度閱讀興致，只想在軟性閱讀中紓解壓力的主要原因吧。

但是，請接受這個事實——生活中的閱讀就像人生命運一樣，下一秒鐘會出現什麼文本，不是我們能掌握的。最終唯一可以掌握的，是你先鍛鍊好自己，有能力去閱讀各類議題、內容與文本形式。

回到開頭時談到的那場工作坊，如前面所說，我感謝老師的誠實回饋，但我還是邀請每位老師回到小組內，帶著抽到「神祕之旅」的心情，試著去觀賞那從未拜訪過的城市，發現並認識陌生的文化。

當讀者拿掉心中固有知識與經驗的本位想法，接下來的討論精采極了。自然科老師理解到小說只是一種說故事的表現形式，不需要文學底蘊才能體驗一篇經典；國文科老師發現根本無需了解「熵」無法逆轉的物理現象，因為這「無法逆轉」象徵生命終結的必然結果，是一個巧妙的設計；最後一致的觀點，科幻小說的形式就是一種跨域整合的結果。

以撒・艾西莫夫這篇《歿世問》，是以文學小說的形式，用物理中「熵」無法逆轉的現象，探討關於生與死、永存與創造的主題，故事結尾將東、西雙方的生命哲學合而為一，劃下一場跨越兆億年旅程的終點，也成為新宇宙的開端。

當討論告一段落，在場許多老師的眼中有了與開始時不一樣的光彩。

將知識系統分科，是基礎學習過程中的普遍現象，目的是為了讓學習更有效率，但是人的思考，就必須因此陷入一個單一屬性的框架，而失去完整性嗎？有愈來愈多的高等教育與研究需要跨領域的整合，這已成為教育改革的趨勢。跨領域多元的閱讀素養，建立不同科目知識間橫向連結的能力，培養思考與應用知識的經驗，方能重新建構一個全人的完整性。

最後，我想借用《歿世問》這篇小說最後那一段充滿神諭與哲思的結尾：

終於，「晶」學會了怎樣去逆轉熵的方向。

但這最後問題的答案，「晶」無法告訴任何人，只能透過實踐來表達。

「晶」思索著最好的方法。小心翼翼的，建立起整套流程。

「晶」的意念引領著一切，包括以往曾一度存在的宇宙。面對眼前的虛無，它沉思著。一步一步的，這結果必須被貫徹執行。

「晶」說：「有光吧！」

於是就有了光……

輯二

持續提問探索，走向理解

這世界是訊息所組成的一部巨大文本，
我們對這部文本的理解，決定於自身如何認知訊息，建構意義。

迷路才是旅行的開始

你喜歡旅行嗎？其實閱讀和學習跟旅行有點像。
照著老師給的知識和答案，讀完就有基本收穫，就像跟團旅行，
但孩子也少了自行探索，在或對或錯的經驗中累積新知的機會。
何不鼓勵孩子在閱讀和學習上嘗試「自由行」？
只要培養他找到正確方向的能力，就無須擔憂迷路的風險。

我是一個喜歡旅行的人，到目前為止已經拜訪過十五個國家，而且持續在增加中，某些城市甚至去了超過五次以上。

旅行的方式有許多不同的選擇。簡單的說可以分為兩種，第一種是別人決定行程的旅行，例如跟團的旅行。這種形式除了地點和預算是自己決定的之外，其餘的內容都是旅行社安排。旅行社依該地的文化特色或自然景觀，選擇值得參觀的景點，安排一位領隊沿途介紹風土人情、歷史文化或自然生態，並且照顧每位團員的需要，提供一趟順暢舒適的行程。跟團旅行的好處是只要選好想去的目的地，找到符合預算的行程，該看的知名景點，該吃該喝的特色飲食，都不會太少。

跟團固然輕鬆省事，但因為行程時間都已經設定好，無法在一個地點停留久一點或走遠一點。因此，旅行了幾趟之後有些經驗了，加上現在網路搜尋資訊非常方便，有許多想安排更符合自己所需行程的人，便會選擇第二種旅行方式，自己決定行程的旅行，稱之為自由行。這種旅行自由度高，可是事前的準備也需要花較多時間，甚至從別人分享的行程中組合出自己的獨有行程。所以就算去一個造訪者眾多的旅遊勝地，也可以擁有自己獨有的玩賞體驗。

但是像我這樣的背包客，或重度旅行愛好者，自由行也還稱不上我最喜歡的旅行形式。我更喜歡的是只有目的，沒有方向，彷彿迷路一般的旅行。因為這樣的旅行，我到過花蓮台十一線下人跡罕至的海灘祕境；在溫哥華吃到當地人才會去的蘑菇漢堡店；在坪林山區的蜿蜒林徑間，造訪堅持小量生產的有機綠茶園；在巴黎索爾邦大學附近巷弄的二手書店裡，體驗老巴黎的書香；在東京都靠近東大附近，入住一間具百年歷史，有和式庭園，被日本文化廳登錄為有形文化財的旅館，以及許多其他少有人知的地方。

這三種旅行的內涵其實一樣，亦即拜訪陌生的地方，體驗不同的文化。但當中卻有明顯的差異。所謂的差異，並不是我們表面看到的旅行形式，而是這三種旅行背後反映了不同的能力與態度。

參加旅行團不需要旅行的專業能力，一切跟著別人走就好，就算發生什麼問題，多數都可以請領隊解決，而旅行經驗是被決定的。選擇自由行，雖然自由度和自主性提高許多，但是要有能力規劃行程並且解決旅行過程的各種突發情況，相對在經驗與能力上要求高一些。最後像我選擇只有目的而無預定行程的旅行，把旅行視為生活日常，就高度依賴自主經驗、知識與態度形成的判斷。

在旅途上，甚至在日常生活裡，都可能發生「迷路」的情況，那麼，你對迷路有什麼感受嗎？許多次閱讀工作坊中，我提出這個問題請參與者回答，絕大多數的答案都是「擔心」、「害怕」、「生氣」、「焦慮」……。儘管這些回答各有理由，但幾乎都反映出對迷路的負面看法與經驗。我對迷路則有不一樣的看法。因為迷路是已經發生的結果，任何的情緒都無助於解決問題，所以我認為還有比迷路本身更需要關注的事，那就是「找出正確合理方向的能力」——具備了這個能力，就不容易迷路；即使迷了路，也可以依據訊息線索，找到正確的方向。

我們要談的是閱讀，為什麼聊到旅行呢？其實閱讀的歷程和旅行非常相似。一本書或一篇文章的閱讀，可以像跟團旅行一樣，依據別人的安排，看別人給的重點，讀完一本書後有基本的收穫。這很像現在課堂中的情況，老師就是領隊，雖然給了學生知識與觀點，卻沒有給學生更多空間和時間，去發展自行探索以及在經驗中累積學習的能力，以至於學生在展開下一段閱讀時，因為沒有人帶領而誤解內涵，誤讀觀點，形成錯誤的理解，造成錯誤的判斷，甚至無法前進，一如旅行中發生的迷路。

過往閱讀教育經常是給學生一個既有的答案，學生把這個答案記下來，就成為他唯一的學習。這當然也算一種收穫，但是並非以自己的能力取得，就難以作為學習的遷移[1]，甚至可能帶著僵化而固著的觀念去看待世界，限制了認知和思維的開展。因此，我們現在期望透過閱讀教育，讓學生擁有探索、建構和學習的能力，學生可以在閱讀的過程中提出許多問題，開啟多面向的思考，試著自己尋找方向，找出答案。就像一位自由的旅者，有能力在一個許多人造訪過的城市裡，看見他人的足跡，又保有自己的觀點和體驗，發現這座城市更多的面貌，賦予這次旅程更多的價值，為自己的生命實踐更多的意義。

旅行有沒有迷路的風險？當然有！但我們該提醒孩子的不是「不要迷路」，

而是該培養他找到正確方向的能力——一旦擁有這樣的能力，就算一時迷路了，也將會開啟一趟真正充滿驚喜與收穫的旅程。

閱讀過程中會不會發生迷路？其實風險更高，而且大部分的情況是我們自以為一直在正確的路徑上，直到被提醒我們走錯了方向。遇上這狀況需要擔心嗎？沒錯！但現在你知道了，有能力重新找到方向，錯誤的經驗也是一種學習，一段新的旅程才正要開始呢。

1 學習遷移一般是指先前情境所學習獲得的知識、技能和態度，能影響另一個相似情境或新情境的學習的現象。

從零開始的閱讀

可能不少家長都有這樣的疑問：「該給孩子讀什麼書？」琳琅滿目的各種推薦閱讀書單，恐怕也未必能替家長解惑。不妨先了解哈佛大學夏爾教授分析的兒童閱讀學習六階段，據此幫孩子選書的原則也會更加明確。同時，別忘了善用親子共讀時間，以提問幫助理解。

每年寒暑假前，都可以在不同媒體平台上看到推薦給學生的閱讀書單，書單上列舉的書籍也都是一時之選。大部分會留意這類消息的應該是家長，因為這資訊能幫助解決家長經常碰到的問題：「我該給孩子讀什麼書？」給孩子讀什麼書是一個複雜的問題，討論它之前，我們需要先了解，孩子在不同年齡所具備的閱讀條件。

哈佛大學教育學院夏爾（Jeanne Chall）教授是一位在兒童閱讀與認知研究上備受推崇的學者。她在《閱讀發展的階段》（*Stages of Reading Development*）這本著作中，把孩子的閱讀劃分為兩大階段——「學習如何閱讀」（learn to read）和「在閱讀中學習」（read to learn），其中又細分為六個階段，說明從幼兒到成人，從閱讀啟蒙到成熟讀者應該具備的能力，為原本抽象的閱讀能力確立了具體的歷程與指標。

根據夏爾教授的研究，「學習如何閱讀」分三階段。

第一階段：早期閱讀階段（**Prereading**）

這個階段我認為特別重要，因為這等同是建立出生（零歲）到六歲孩子對閱讀的第一印象，建立對書籍的直覺感受。孩子通過家長或其他成人的講述，了解到語言和聲音的聯繫，進而了解書籍、文字和語言是故事與資訊的載體。這一階段帶孩子朗讀繪本是很好的學習，因為繪本的語言較簡單，有時候一頁僅有一句話，內容單純而且明確，讓孩子連結文字、語言和繪本上的人物與情節。帶孩子朗讀故事不只是讓孩子學習字詞，還能更進一步幫助孩子學習說一句完整的話語，內化語言的表達能力。

第二階段：初始閱讀的解碼階段（**Initial Reading, or Decoding**）

大概六、七歲左右，孩子擁有較多的字詞能力，開始以此基礎條件形成文字解碼能力，從較為簡短而完整的文字內容開始自行閱讀，理解簡單的文本，學會朗讀文章，培養閱讀與基礎理解的流暢性。

第三階段：流利度顯著提升的階段（**Confirmation and Fluency**）

到了七～八歲，孩子有更多生活經驗做為基礎，應該逐步學會運用正確的斷句、音高、重讀和語調來朗讀，進一步提高閱讀流暢度。這裡要稍微提醒，閱讀雖然是建立在字詞的基礎上，但是對情境的理解則需要生活經驗來支持，所以生活上給予孩子多樣而豐富的體驗，親子溝通的內容也需要包含成人對事物感受的分享。這些書籍以外的內容，才是豐厚孩子理解能力的重要資源。

孩子大約在八歲之後，大腦發育的成熟度相較於之前有明顯的成長，逐漸能掌握比較複雜和抽象的概念。而前三階段在閱讀上建立的能力，可以讓孩子進入下一個重要而持續的階段，「在閱讀中學習」，也細分為三個階段。

第四階段：通過閱讀學習新知階段（**Reading for Learning the New**）

這是一個重要的轉折關鍵，而且會持續數年。前面幾個階段，閱讀的內容並不是最重要的要素，因為內容的著力點在於培養閱讀的基礎能力。但從這個階段開始，也就是八～十四歲之間，孩子的教育進入知識性內容的學習，需要進一步處理內容較多的文本，而且他不僅通過閱讀能學習新的知識，還要感受書中所描寫的情感，因此對能力的發展有了更高的要求。本階段可以引導孩子閱讀從課程主題延伸出來的文學作品或報導，形成主題性的廣泛閱讀。但此時，孩子一般還只能接受單一觀點的文本，還沒有足夠的條件去統整過於複雜的辯證與觀點比對，因此應選擇脈絡較單純明確的文本為主。

第五階段：多元觀點階段（**Multiple Viewpoints**）

十四～十八歲的青少年，能夠廣泛閱讀並理解各種形式的文本，諸如敘事性、說明性等類別的文章，以及包含多種不同觀點的文本，比如政治、歷史等學科的內容，而且對這些材料和內容能有批判思考。

第六階段：解構和重新建構階段（**Construction and Reconstruction**）

十八歲以上，一般是大學及以上水平的讀者，在這個階段能夠閱讀和理解抽象的信息，並學會通過閱讀尋找合適的材料和觀點來支持自己的見解和想要表達的看法。達到這水準的閱讀能力，就具備了閱讀的素養，具備了面對多元複雜生活的能力。

回到一開始家長關心的問題：「我該給孩子讀什麼書？」這問題若放到夏爾教授對孩子發展認知與閱讀學習的階段來看，該選擇什麼書給孩子，就有一個較明確的原則了。不過，閱讀並不是把書拿給孩子讓他自己讀，孩子就自然而然具備閱讀理解力與素養。若閱讀作為一項可廣泛運用，必須學習的重要工具，那麼家長也就有必要一同參與孩子的閱讀。而且家長參與的方式，也將決定孩子學習的成果。

過去一談到家長參與孩子的閱讀，最基本也最直接的聯想就是替孩子選書，這當然是重要的，而且有許多書單可以參考。可是另一個層面的參與，也就是對一本書的理解，過去與現在的看法就有些不同了。

以往的教育比較強調正確答案，所以一篇文章就是表達一個意思，就算補充一些作者背景，但基本上還是只注重文本表達的主旨。但現今的閱讀教育強調透過文本，用各種不同的知識或觀點去理解文本，在這樣理解的過程中思考與學習。

要讓孩子獲得這樣的學習過程，家長的參與就不該是給予我們大人心中的答案，而是需要透過提問與線索，在孩子的頭腦裡建立不同理解與思考的面向。因此，讀一段文本也好，說一則故事也好，都可做為思考與建立觀點的練習。

我自己跟孩子說故事時，常常用「問題」來引發他們對內容有更深層的理解，我舉幾個例子：

- 為什麼這個故事用這個標題？
- 故事中哪一個角色你最有印象？為什麼？
- 主角選擇那些東西，對他有什麼幫助？為什麼？
- 如果他缺乏其中一樣，會發生什麼問題？為什麼？
- 故事主角對他的朋友說的那一句話，主角想表達的心情是什麼？
- 故事中人物面對的主要問題是什麼？
- 如果你是其中角色，你會如何解決？為什麼？

- 你相信你讀的內容嗎？為什麼相信或不相信？
- 你認為故事裡有哪些內容跟你有關？能讓你更了解自己嗎？
- 你從這個故事學到什麼？可以應用在生活中什麼地方？

親子間討論閱讀的內容時，有許多問題可以問。而且，虛構的故事與真實的報導會有不同的提問；知識性的內容與情感表達的內容，在提問上也有差異。但提問最核心的目的，是藉由提問，帶孩子探索或釐清他自己看不見的地方，包括文本內容和他自己。當孩子這樣閱讀的思維被養成，閱讀理解能力與素養，就能陪伴在他身邊，帶著他勇敢前進。

盲人摸象的故事中，盲人只有摸大象嗎？

閱讀的「質」，比起閱讀的「量」，更是現在閱讀教育關心的重點。因此，透過「閱讀歷程」來檢核孩子拿起書開始讀到放下書這段時間內，能否掌握所讀內容有哪些訊息、對訊息統整解釋，並提出疑問、進行思考，最後達到有層次的理解，才算完成一次有「品質」的閱讀。

重讀一次「盲人摸象」，你將發現「閱讀歷程」的密碼就在其中。

當閱讀要落實成為能力或素養來教，有好幾個與閱讀相關的新詞彙也經常被提到，其中「閱讀歷程」出現的頻率就很高。過往教學現場推動閱讀，焦點通常放在有沒有讀？讀了幾本？並且依據孩子讀的多寡給予獎勵。這種以「量」為績效的指標，很容易量化成果，所以這種形式是過去許多學校推動閱讀的方法，表面上看來孩子閱讀量增加許多。但是在漂亮的數字背後，是否存在衝「量」以換獎勵的本末倒置現象？是否達到能力提升的目標？若是以閱讀的「質」來檢核，相信會出現不一樣的結果。

「閱讀歷程」與「閱讀」是不同的概念。簡單來說，「閱讀」僅表示閱讀這個行為；「閱讀歷程」則代表當我們拿起書開始讀一直到書放下來，中間這一段時間裡，頭腦內所發生的事。在孩子還不具備自主提問能力前，可以從孩子閱讀的每一個章節裡面提出不同層次內涵的提問，仔細與他們討論，引導他們思考，帶他們去經歷、體驗整個理解文本的過程，達到有層次的理解——這是現在的閱讀教育應當關心的學習。

雖然「閱讀歷程」是近幾年才常出現的用語，但我們其實早就有這樣的觀念了，而且它一直被包藏在一則我們耳熟能詳的故事「盲人摸象」中。現在，我小小改編了一下這個故事，希望能幫助大家更容易理解「閱讀歷程」與「閱讀素養」的內涵。

有一群盲人，聽說有種動物叫大象，長相特別而且身形巨大，便感到非常好奇。這群盲人的一位朋友，知道兩天後有一隊印度商人會經過城裡並休息一天，他們有幾隻大象幫忙載運貨物，所以他提議要帶這群盲人朋友去認識什麼是大象。怎麼做呢？用摸的。第一個盲人摸到大象的腿，說大象的腿真的好粗好壯，就和廟裡的柱子一樣；旁邊傳來一個聲音說：「我摸到一個像芭蕉葉一般的扇子在我頭上一直搧，是耳朵嗎？」另外一個在他的左邊，摸到大象的身軀，直呼好大，像一堵牆似的；又有另外一位盲人說，他身上被一條像水管一樣的管子捲起來，管子還會呼氣，應該是大象的鼻子；最後一位盲人想知道大象有多高，請人拿了梯子慢慢爬了七階，才摸到大象的背，他站在梯子上說：「原來在大象的背上像在一座會動的土丘上啊！大象真的很大。」

這時候有位盲人問道：「我們這幾個人在大象身上摸來摸去的，大象都沒生氣啊？」他們的明眼朋友補充說：「大象的確是一種巨大又溫馴的動物，如果跟村子裡那頭大水牛來比，水牛的個頭比大象小很多，但脾氣卻比大象大多了！」

「盲人摸象」的故事講完了。這個故事與閱讀理解和閱讀歷程有什麼關係？在故事裡，幾位盲人做了什麼事？表面上看來是摸大象而已，但如果放到閱讀歷程上來看，他們摸大象的過程正是擷取訊息、廣泛理解、發展解釋、統整解釋和省思評鑑的閱讀歷程。

第一，擷取訊息：每一個人摸到大象的個別部分，了解大象的一種特徵。

第二，廣泛理解：每一位都分享各自摸到部位的特徵，於是一群人都藉由這些訊息對大象形成廣泛的理解。

第三，發展解釋：從剛才對各部位的位置關係和特徵的理解，原本對大象模糊的想像逐漸具體化，呈現出大象的外觀長相。

第四，統整解釋：知道大象外觀特徵與巨大身形之後，進一步從大象的行為感受到牠溫馴的個性，由此統整大象外在形體與內在個性，說明了大象是一頭巨大又溫馴的動物。

第五，省思評鑑：最後以身形大小和個性來評鑑水牛和大象，省思大與小的相對性，對水牛和大象都有更完整與深刻的認知。

這整個閱讀歷程，正是認知科學研究了大腦的運作之後，所發現腦中存有的認知條件。它就像大腦原廠設定的核心作業軟體，幫助我們將外界取得的訊息，在腦中建構出意涵。

「盲人摸象」的故事原來是藉摸象的過程，點出每個人因為摸到的部位不同，而對大象外觀長相產生不同的想法。換句話說，事實往往由於各人角度不同而被給以不同的解釋，每個人摸到的都是象，也都不是完整的象。象在原故事中借指佛性，而盲人則是象徵芸芸眾生，若是有人執著於某些行為或文字才是真正的佛性，就像盲人摸象一樣，只看到了佛性的一部分，就執著於自己所認知的那個部分，甚至認為別人所見並非真正的佛性，這樣反而迷失了觀照佛性本質的能力。

這個故事後來衍生成不同版本，都強調每個人都只觸摸到一部分，得到完全不同的結論，因而產生爭執。我改編的版本與其他版本之間的差異，在於我故事中的盲人都保持開放的心態，不堅持己見，並根據客觀的事實，建立對大象完整的認知，最後在明眼朋友以水牛與大象比較的省思評鑑中，開拓新認知，學習到個別差異。

每一次閱讀文本的過程，就如盲人摸象一般。我們沒看過的文章，不知道最後要講什麼，只好一字一字、一句一句、一段一段的摸下去；一邊摸，一邊整理，一邊統整，最後得出具體的樣子。從訊息中建構出意義，從表象中理解到內涵，這個步驟就是「認知」的歷程，也是現在素養導向教學中，期待孩子擁有的閱讀理解能力。

故事中的角色往往都會以象徵隱指，連結真實世界。所以，我的版本中那位看得見的朋友，象徵著什麼人呢？他象徵的就是老師、家長、教學者，帶領孩子去觸摸這世界、探索這世界，在每一個發現的過程中給予孩子肯定，在每一個學習的轉角給予孩子支持。在他們未及之處搭上鷹架，在完成任務時以欣賞的眼光嘉許。

我期待有這樣身分的大人，能以開放的態度鼓勵孩子的好奇，讓他們歡喜的開啟每一段閱讀的旅程。

用文本蓋房子

作者是如何把他心中所思所感，從片段的訊息建構成如今的文本樣貌？有沒有任何方法，可以「還原」作者心中的建構歷程，使我們能貼近作者的思考，更充分的理解文本？其實有的，那就是從文本表面訊息抽絲剝繭，一層層的理出「上位概念」。

生活中，我們每天都閱讀大量的訊息。一般說來，這些訊息不論來自於紙本或網路，甚至是戶外海報、捷運地圖、餐廳菜單，都是以平面樣態呈現。除非如電影中以電腦繪圖完成的視覺特效，這些承載著訊息的文本基本上不會離開一個平面，立體化的浮現在半空中。

但是我如果說文本不只是我們眼前所見，如印刷在紙上或是顯現在螢幕上那樣在平面的載體，而是像樂高積木或疊疊樂那樣，具有層層疊疊的結構層次，你能想像嗎？

學習英文常聽到一句話說：「單字就像搭建房屋的磚塊，磚塊數量愈多，房屋就能搭得愈高愈大。」這句話很有道理，放在中文的學習上也通，詞語愈豐富，在寫作與不同形式的表達上，也愈能夠更精準又清楚的傳達想法。而且可以說，寫一篇文章，就像蓋一棟房子一樣。

如果我拿一棟建築物來類比一個文本，那麼建築師就是作者。建築的形式，能表現建築師的風格與美感；建築物內部的結構與布局，則展現建築師的思維與設計創意。我們在參觀一棟建築物時，就像走入建築師的思維和心裡，透過所有看到的和觸摸到的建築元素，和那位並不在眼前的建築師對話，欣賞或評鑑他的作品。把這個過程轉換到閱讀一篇文本，也一樣。閱讀各種議題和形式的文本，其過程一如走進一棟建築中，同樣看得到結構以及應用字詞語彙的表現手法，從而感受到作者的存在。

談到「理解」，是個不一樣的層次，而且，往往從表面看不出來，需要更為深入的走入文本中。因為理解面對的課題是：「知道創作者為什麼要這麼做！」

「理解」並不存在作品上，而是在我們身上。

「理解」有趣的地方，也是挑戰所在，是我們要從作品中，一層一層往上走，理解創作者的想法，理解他為什麼要這樣安排，理解他流露的情感與想法，最終在心中一個作者所在的高度上，與作者見面，告訴他：「我理解了……」

這個往上走的觀念就是「上位概念」。建立上位概念的能力，在閱讀理解中十分重要，但是多數人在生活中卻少有機會聽到或使用，所以我用下面這個例子來說明。

小明的班上發期末考成績單，媽媽發現小明每一科的成績都落在班級後段的位置，所以找小明來了解情況。

媽媽問：「小明，你這次期末考國文六十八分，英文五十六分，數學五十二分，其他科的成績也比之前差很多，為什麼？」

小明說：「我這次考前沒有準備好，因為我國文的注釋沒記熟，英文的文法搞不太懂，單字又背不完，數學現在好多公式，用哪一個常常搞不清楚，還有……」

媽媽沒等小明說完就開口說：「好了，你先停一下！媽媽聽你這樣說，加上平常的觀察，發現你不是考前沒準備好，大部分原因是你上課時沒學會，回家花在電玩上的時間又比複習功課多，所以你的成績正好提醒你，是你的學習態度和習慣不好！」

在上面這段情境對話裡，小明分別解釋各科成績不理想的原因，但是媽媽看出這些個別原因背後有一個共通的問題，是小明「學習態度和習慣不好」，若能解決這個層次比較高的問題，小明就可以讓各科的學習成果更好。這種在認知上能區分「個別原因」和「整體態度」在層次上差別的能力，就形成人與人之間對事物理解層次的落差。

小明成績單的例子也可以看出前面所說，文本在字詞條件之上還存在著更高一層的東西，但是這個「更高層次」能否被看見，決定在「看的人」。

我想先用一個簡單的圖表（見下頁），來說明「文本的建構」，凸顯這個「更高層次」。

從文本建構的觀點來看，作者是一位建築師，他把訊息當作磚瓦，建構出他心中的建築物，以表現他自己的所思所感。而一位具有上位概念的讀者，也具有如建築師的能力，但不是立刻用來建構，那是稍後的事，而是先「拆解」。

「拆解」也就是「解構」，也正是閱讀理解中「文本分析」的基礎。作為讀者，拆解文本的目的不僅要看文本當中使用了哪些材料，更要了解材料之間是如何相互組合，以及為什麼要這樣組合，而能傳達作者的意志或情感。讀者進而得以學習，甚至比較或反思，從文本中開啟另一個探究的歷程。

我們再看下面這段文字，試著以層次的概念來還原作者的思考。

文本的建構層次

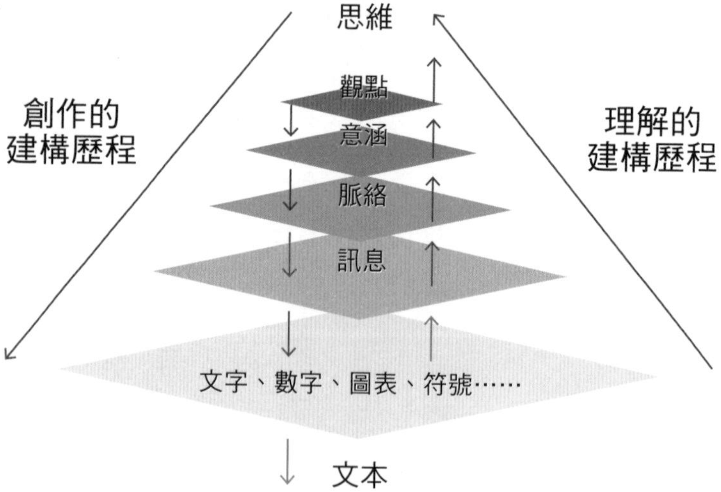

煤、石油與天然氣的燃燒，就如同森林的砍伐以及各式各樣的農業與工業活動一樣，改變了大氣的組成，也造成了氣候的變遷。這些人類的活動，增加了大氣中懸浮微粒的濃度，也製造出會造成溫室效應的氣體。

如果我們用上位概念來分析文本，就會變成這樣的層次。

〔**人類行為**〕煤、石油與天然氣被燃燒與森林被砍伐的農業與工業活動【擷取訊息】

〔**產生影響**〕增加懸浮微粒的濃度，製造出造成溫室效應的氣體【廣泛理解】

〔**導致結果**〕改變大氣組成，造成氣候變遷【發展解釋】

〔**歸納原因**〕人類的活動【統整解釋】

〔**作者思維**〕這段文字的觀點【省思評鑑】

讀者若建立了文本上下位概念的理解，便可以看見作者在文本中如何使用訊息，建立敘述的脈絡，傳達意涵，呈現他的思維與觀點，最後與作者見面，知道他的動機與目的。這個分析的過程可以幫助我們理解文本，同時理解作者。

文本是訊息的建築。如果在閱讀過程中有意識的進行文本分析，或許更能深入文本，看見意涵上的不同層次，抵達作者沉思的高度，從不一樣的視野閱讀世界，也閱讀自己。

世界最遙遠的距離

我們看到同一個問題，卻有不同的答案。哪一個答案才是合理的？掌握文本中的客觀訊息，藉由提問整理脈絡，避開主觀投射的認知，才能推導出合理的結論或答案。

有識字能力，就能閱讀；但能閱讀，不代表一定能理解。「你就在我面前，我卻看不到你」，能否理解才是關鍵。

這幾年各處分享閱讀教育的過程中，有幾個問題經常被問到，第一個就是：「有了識字的能力不就能閱讀和理解了嗎？」關於這問題，前半段說「有了識字的能力」就能閱讀，是正確的——以文字為條件的閱讀，需要識字能力做為基礎，字詞能力愈豐富，便愈能閱讀文本的字詞內容。但是閱讀後的理解是否必然隨之發生，就需要字詞能力以外的條件來共同完成。

二〇一八年三月，內政部公布前一年對全台灣二千三百萬人所做的識字率調查指出，十五歲以上人口識字者計二〇二三萬人，識字率為九八．七九％，續呈增勢。

若從性別來看，二〇一七年底男性識字率九九．七六％，較女性九七．八四％略高一．九二個百分點，惟兩者差距逐年縮小。近十年女性識字率由九五．八五％逐年上升至九七．八四％，十年間增一．九九個百分點。

從年齡來分，各年齡層識字率均超過九十％，六十四歲以下者更達九九％以上；男、女性識字率差距隨年齡層之上升而擴大，六十五歲以上者男性識字率九八，六七％，高於女性之八八．三五％，差距為十．三二個百分點。

因此，除了極少數條件特殊的人之外，識字閱讀能力是每一位接受國民義務教育的人都擁有的能力，這是我們國民義務教育非常值得驕傲的成就。

但這裡出現一個值得探討的問題，如果識字率百分之百等同於理解能力，那麼一點都不需要為孩子的理解能力擔心。然而事實並非如此，以多數家長對孩子理解能力的憂心，似乎反映出一個現象：有辨識文字的能力，並不代表就擁有理解的能力。真的如此嗎？有一回演講，我設計了一個情境讓在場聽眾體驗一下，每一個人閱讀同一篇文字後，理解的差異有多大。我們來看看下面這情境：

有一個男同學很喜歡學校裡美麗又有氣質的校花，而且暗戀她許久。在身邊同學不斷鼓勵和慫恿下，他決定寫一張卡片給她，卡片上是這麼寫的：「世界最遙遠的距離是我就在你面前，而你卻不知道我愛你。」

這個女同學拿到卡片之後，在原來的卡片上寫了另外一句話，第二天還給那位男同學。她回給男同學的是：

「世界最遙遠的距離是你就在我面前，而我卻看不見你。」

根據文本，請問這個女同學對這位給她卡片的男同學態度為何？你的理解是什麼？如果提供下面的選項，你會選哪一個？

(A) 喜歡
(B) 不喜歡
(C) 有禮貌
(D) 看不起

這張投影片一播放出來，一位聽眾馬上舉手，我不知道這內容是否勾起了他什麼回憶，我還沒點他，他立刻斬釘截鐵的回答(D)。我好奇的問他為什麼如此確定答案是(D)，其實當時我有點擔心他開始講什麼過去的往事。不過他沒有，而是先用國語提醒大家：題目是「你就在我面前，而我卻看不見你」，接下來改用台語帶著如當事人的口氣說：「『看不見你』就是說『看你沒到』、『看你不起』、『看你沒有』的意思，所以答案就是(D)。」當下在場的聽眾都笑開了，夾雜著鼓掌的聲音，我也覺得這答案太有趣了。因為當我們頭腦裡的語言系統不一樣時，看著同樣的文字，就可能有不同的理解。

這時有人認為選「(C)有禮貌」才是正確的：女同學願意回訊息，而且不出惡言，為男同學留了情面，就是一種禮貌的行為，因為她也可以選擇不理他。這回答是很好的論證。也有人選「(B)不喜歡」，理由是視若無睹，把他當空氣一樣，如果喜歡就會留下不一樣的訊息，例如手機號碼、Line、email 或下課麥當勞見，不要被老師看見之類的。還有一位男性聽眾選擇「(A)喜歡」——其實我在不同演講或工作坊中舉這個文本為例的時候，選(A)選項的超過九成是男生，而且都是年輕男生。我當時好奇就問這位男聽眾，為什麼大多數人都不選(A)，而他獨中意這個答案。他拿起麥克風慢條斯理的說：「你看，這女孩子回答他『世界最遙遠的距離是你就在我面前，而我卻看不見你』，這女孩子用這句話提醒那位男同學，如果你喜歡我，但是沒有表現出來，我就看不見。所以這女孩子是有喜歡這男同學，所以鼓勵他要表現出來啊。」話一說完，全場的女生又是一陣大笑，不少人還摀著嘴巴忍住笑聲一直搖頭，我馬上開玩笑般問了一位摀嘴搖頭的女生說：「你們為什麼要笑得這麼誇張啊！」這位年輕女性聽眾接過麥克風：「男生都自我感覺良好，又愛腦補！」在場的女生又泛起一陣爆笑，還頻頻點頭，好像這答案說出了女性的共同心聲。當下我忽然想起了一本書名：男人來自火星，女人來自金星。

「你們認為這問題到底哪一個是正確答案？」我再一次詢問現場的朋友，此時大家交頭接耳，但沒人提出答案。忽然有一位男性聽眾舉手，我將麥克風交給他，這位聽眾很客氣的說：「這問題我目前沒有答案，但是我有問題想問。」太好了！我心想，終於有人不是急於回答問題，而是想先提出問題。一般情況下，我們看見問題後不太會再提出問題，因為頭腦忙著想答案是什麼，而且會擔心答錯怎麼辦，這是一種被過去考試制約的心智慣性。對於思考問題、探究答案，往往要藉由許多問題來釐清眼前所見，這正是批判思考與獨立思辨的基礎。

面對這位想提問題的聽眾，我與現場其他人一樣，很好奇他想問什麼。他以帶著一點緊張的聲音說：「我的問題可能很好笑，但是我還是想問。」問題還沒問出來，已經引來一小陣笑聲。我說：「沒關係，歡迎你提出問題。」這時他問出一個重要的問題：「請問故事中這兩個人，有沒有人真的看不見？」他話音一落，全場發出當天最大的笑聲，而且大家前後左右頻頻交頭接耳。但是有趣的事發生了，笑聲逐漸退去，取而代之的是此起彼落的「有可能喔」、「不可能啦」的低聲討論。一位聽眾說：「不可能看不見，如果看不見，她怎麼能在卡片上寫下那段話？」許多人點頭認同，認為這理由強而有力，但不到兩秒的時間，隔壁另一位聽眾馬上回說：「卡片上的字，說不定是女生請同學幫她寫的啊！」現場又是一陣騷動，隱約中聽到有人說：「對喔！我怎麼沒想到！」因為無法排除這可能，四個選項外的第五種可能性出現了，它讓原本如青春喜劇的情節，忽然有了韓劇般的高潮轉折。

當現場籠罩在情境理解上發生歧異與無法選擇答案的焦慮，卻又覺得很有趣的複雜氣氛中，我接回麥克風：「剛才兩位的對話，剛好示範了我們是如何透過個人的經驗與知識為基礎，將不確定的內容建構成為我們認為合理而可以接受的結果，這是理解的過程，卻也是誤解發生的過程。」

要探究合理的答案是什麼，我們必須重新去理解這個問題和文本的關聯性，這背後需要依靠統整、推論、形成上位概念或核心概念。而這過程最重要的是提出問題，藉由問題打開並解構我們所看到的內容，成為訊息和呈現其關聯的脈絡。由此來看，剛才這位認為自己問出一個好笑問題的聽眾朋友，才是當時在場唯一一位真正嘗試去打開文本，從文字所傳達的情境條件與訊息中，掌握隱身其內，可能存在合理推論卻被忽略的條件，或文字未直白說出的事情。如英文所言「In between the line」，也就是中文說的「言外之意，弦外之音」，往往是更深刻理解的關鍵。

我在設計這內容時，原本就是故意要讓每一個答案都有被選的條件，藉此更進一步探討閱讀歷程中值得反思的情況。

文本中的字詞、語句、影像與數據等，是客觀存在的訊息，但是讀者閱讀時往往依主觀條件投射其意涵，造成理解上的差異。例如「工作」這個詞，我們可以在字典中查出客觀的解釋，但是每個人的經驗導致對「工作」的感受與認知不同，有些人光看到就自動覺得累了。我有一位朋友每次談起他正在進行的設計案，總是充滿熱情與使命，因為工作就是他實現夢想的場域，我相信他看到「工作」這兩個字，從認知到生理與心理上的感受一定與之前那位不同。

又例如「考試」，喜歡考試的人不多，不過考試這個詞本身代表的只是一種評量檢核，沒有正面或負面的意思。我們對考試有好惡的感受並非來自這個詞本身，而是我們在求學過程中因考試帶來巨大壓力的集體記憶，或對它扭曲學習內涵所產生的反感。

再拿一個更清楚的例子，「藍」和「綠」原本只是眾多色彩中兩個顏色的名稱，曾幾何時，因為兩個政治陣營旗幟上的主色調，形成代表雙方的「意符」（signifiant），成為台灣社會最難調和的色彩。

文字和語言是傳達訊息最普遍的工具，具備辨識文字和使用語言的能力，讓我們能夠讀文字、聽語言，但是能否理解才是關鍵。而且在理解的過程中，如何認知我們閱讀的內容，如何以經驗去同理，相對以何種知識來判斷……，凡此種種在我們頭腦裡心念流轉與意義建構的運作，就和眼前我們正在閱讀的事物一樣，都等待我們去理解。

或許，「不理解」才是這世界最遙遠的距離……

有知識不必然能理解

有海量知識庫及邏輯判斷功能的日本AI人工智能 Torobo 挑戰考東大，最後卻敗在無法閱讀「意味深遠的句子」——它無法解讀真實生活情境中以文字語言傳達的意涵，亦即欠缺「閱讀理解」能力。

我們也一直在學習知識，但對應真實生活的閱讀理解，還需要客觀檢核與思辨，否則我們可能會像 Torobo，有滿腹知識，卻不能理解。

日本在科技發展上一直居於領先地位，在AI人工智能的發展上也有先進的研究。日本國立情報學研究所在新井紀子教授領導下，開發了一套AI人工智能系統叫「Torobo」。它有手臂可以拿筆、靠攝影機輸入文字符號，同時連接龐大的資料庫，還有一個很厲害的人工智能系統處理輸入的訊息，形成理解，進而回答問題。

Torobo 有這些功能是因為它被賦予一項有趣的研究任務，就是要在二〇二一年考上許多日本高中生的第一志願，東京大學。Torobo 從二〇一三年開始參加大學入學考試的模擬測驗，二〇一六年六月是它最後一次參加模擬測驗。它前幾次的成績其實已符合許多一流大學的入學要求，但原先目標就是設定要考上東京大學，可惜最後這次的分數仍與進入東大有一些差距。主導本研究計畫的新井紀子教授分析了 Torobo 每次考試後的數據表示：「理解意味深遠的句子對 Torobo 來說非常困難。」

看到這有趣的新聞報導，我和我的同事發現一個現象值得探討。就 Torobo 的設計來說，要參加考試，必然有一個龐大的知識資料庫來對應考題，但是這樣的海量資料卻沒能讓它考上東大，是因為「理解意味深遠的句子非常困難」。這表示在知識與答案之間有一個重要的東西，是 Torobo 目前還欠缺的。為了進一步了解這問題，我請教了幾位專家對於人工智能目前的研究發展方向和困境，幾位專家講了很多有趣的例子，也證實了一件我們原先假設的事情：人工智能正在學習閱讀理解。

後來，我們設計了一個情境和提問，說明有海量知識與邏輯的ＡＩ人工智能如何回答，題目是：

小明很生氣的把錢給小華並且說：「這些錢你拿去買藥吃啦！」根據上述情境，請推論以下何者為真？

(A) 小明關心小華
(B) 小華生病了
(C) 小明給小華錢
(D) 小華很需要錢

ＡＩ人工智能若依知識與邏輯推論分析，小華拿到錢，而且小明說「這些錢你拿去買藥吃」，根據生病的人才需要買藥的知識，又加上小明叫小華去買藥，所以得出「小華生病了」這結果，選項(B)完全符合，所以答案就是(B)。身為聰明的人類如你，看到這結果可能會笑出來，而且心裡想：人類哪是那麼容易理解，東京大學也不是隨便就可以考上的啊！

這題目設計雖然凸顯目前大多數ＡＩ人工智能發展的困境，但是可以做這樣的判斷已經很厲害了，因為在知識與邏輯整合上是成功的，答案在推論上也合理，只是人類文字和語言的複雜度不在字詞本身，而是當下的情境與使用者的動機與目的賦予的意義，所形成的語境和語意的變化。簡單來說，就是ＡＩ人工智能缺乏在真實情境中生活及使用文字語言的經驗，因此它即使有大量的知識與嚴謹的邏輯，依然難以正確判讀情境，理解由文字語言傳達的意涵。

事實上 Torobo 的困境，也是我們的下一代在閱讀上正面臨的挑戰。現在許多學生的閱讀條件很像 Torobo，學校中給予知識層面的學習，但缺乏對應知識的生活經驗，對於語境和語意不一定有明確的掌握，而且評量與教學設計在培養思考能力上著力不多，所以學生普遍在理解與表達上缺乏邏輯性和思辨力，往往只讀到文字表面的意思，卻沒有辦法了解文字背後更高層次的意涵。

文本表面上是文字與其他符號或圖表數據的組合，若從「上位概念」來看待文本，文本有表面文字顯現的那一層，但那並不是唯一的內容；段落之間還藏有第二層；通篇裡可能還有第三層、第四層意思。每一層的理解都需要扎實的閱讀理解能力。因此，新井紀子教授所帶領的這個團隊決定，Torobo 這次考完之後，暫時不會繼續參加考試，而是進行「單科強化學習」，簡單的來說就是補習，以解決閱讀理解能力不足的困境。

數位閱讀時代來臨，現在孩子的閱讀，能不能很快的在大量資訊裡歸納出一個核心的概念，然後往下一步前進？這樣的閱讀歷程，跟以前的閱讀教學不盡相同。關於閱讀理解能力，雖然 Torobo 和我們的孩子有著相似的問題，但是研究人員讓人工智能進行「深度學習」，透過持續大量犯錯與修正錯誤的過程，優化人工智能據以判斷的條件，將可能讓人工智能在閱讀理解的能力上持續進化。由此來看，我們的孩子是否也需要再學習？否則我們不希望看見的交叉將會出現，因為人工智能持續在學習，孩子卻沒有學習。

看完ＡＩ人工智能的有趣例子，我們再來看另一個跌破專家眼鏡的例子。

二〇一五年美國總統大選是一場詭譎的選舉，在開票快結束時，川普卻出人意料的在全美各州選舉人票數上保持領先，同時電視畫面上所出現的一幅美國地圖，以顏色標示兩位候選人在美國各州領先的情況。當時我看到那幅地圖，就大概知道川普為什麼會當選美國總統。

一般我們提到美國，馬上會聯想到紐約、華盛頓、波士頓、西雅圖等幾個城市。我們熟知這些城市，也過著相似的現代生活，甚至將美國主流媒體的觀點理所當然的接受成為我們的觀點，認為那就是美國的觀點、世界的觀點。然而這幾個城市都在美國地圖左右兩邊靠海的州，被標註在藍色區塊中，並不能代表全美國。美國還包含更大多數我們不熟悉的各州，在地圖上位於美國廣大的中部，被標註為紅色區塊。這些州相對保守，他們的聲音被主流媒體忽視，他們反對全球化，憂心移民搶走本地工作機會，承擔產業外移而失業的壓力。這些地區相對於藍色區塊所代表的主流文化，都快覺得自己不是美國人了。這時候有個川普出現了，雖然言論偏激甚至多次失言，但紅色區塊的美國人覺得川普這些言論背後的價值觀和自己的一樣，能為自己發聲，所以多數支持川普。川普最後當選了美國總統，這結果讓一堆專家學者跌破眼鏡。

這些專家學者都有深厚的知識與專業，每個人在選戰過程中都大量的閱讀，以科學的方法進行分析，但是結果卻錯了。問題出在哪裡？事後媒體反省發現，美國總統選前預測錯誤的幾個重要原因，包括民調沒能掌握正確又多數的完整訊息——若套用到閱讀歷程中，表示在擷取訊息、形成廣泛理解的階段，就已經出現問題。另一個更嚴重的影響是同溫層的效應，由於多數的主流媒體和學者專家都身處不認同川普的藍色區域，有共同的生活圈，分享共同的價值，也以同樣忽視的態度認為，民眾終究會在主流媒體大量報導川普的負面消息後，選擇不支持他——但最後形成的結果就是錯誤理解。

擁有知識，是否能幫助我們有效的理解事物？答案是肯定的。但是在知識對應情境的背後，如果缺乏客觀檢核與省思的能力，我們原先擁有的知識、經驗與方法所形成的觀點，極有可能正是導致錯誤理解的關鍵——因為我們對世界的理解，受限於固有認知所形成的我執。

暗黑的神邏輯

創意是一種珍貴的資產，我們的社會永遠都需要創意人才。但缺乏掌握關聯性和統整脈絡的能力，便可能讓創意曇花一現，變成無厘頭甚至荒謬的「神邏輯」。透過閱讀，訓練孩子懂得看清脈絡、建立合理脈絡，將使他們有能力把天馬行空的發想，轉化為具體可行的創新方案。

新世代或許真的因為成長環境不同了，除了對固有事物的看法不同於上一世代之外，也充滿創意。有創意是可喜的事，台灣產業發展轉型過程中，最需要具有創意思維的人才，但是我在這裡想提出一個觀察：在揮灑創意的過程中，不能忽略「掌握脈絡」的重要性。

創意在發想的階段，看起來彷彿天馬行空，產出的方法很多樣，但是不外乎打開固著的觀點以及讓新的想法發生。打開和發生的過程，事實上就是在重組條件與結果之間的脈絡。如果新的想法脈絡合理，又沒人組合過，那就是新創意的誕生。

從這條件來看，在孩子充滿創意的觀點背後，卻可能隱藏著一個真實的困境——即缺乏看見脈絡或建立脈絡的能力。

「脈絡」是個很重要的觀念，而且在生活中應用極廣，只是未必用這個名詞來表達。基礎的脈絡在一般日常生活語言會說「來龍去脈」。故事情節的演進有來龍去脈，角色心境的轉變有來龍去脈，人物關係的發展有來龍去脈，新聞事件的因果有來龍去脈，股票的漲跌有來龍去脈。能看見來龍去脈，也就是脈絡，在閱讀素養是一個重要的能力，代表孩子已經可以看到影響事物前後改變的條件，並且能夠解釋這些條件之間的關聯性，以閱讀理解的層次來說，就是擁有「統整解釋」的能力。若對事物或文本缺乏「前後文」或「上下文」關聯性的掌握，很可能背離多數普世的認知經驗，就出現「神邏輯」。

如同其他發跡自網路的流行語前輩，神邏輯的出處無從考證，定義也紛紜曖昧。它可以指一人的邏輯清楚或正面，但更常以挖苦的形象出現，形容某人行為或思路缺乏邏輯，讓人無法理解，如「神」一般高深莫測。儘管這一新詞出現的時間還不算長，但神邏輯所形容指涉的概念卻早已存在。在此之前，類似的行為也許會被稱為「荒謬」、「白痴」甚或「腦殘」，比神邏輯更直接，而且帶有人身攻擊意味的字眼。

歷史上有個大家都知道的故事，足以作為「神邏輯」由來已久的例子。西晉惠帝司馬衷在位期間出現大饑荒，百姓沒有足夠的食物因而餓死，晉惠帝得知這種情況，竟然反問臣子：「何不食肉糜（他們為什麼不吃肉粥呢）？」如果這事發生在今天，相信網路上必然會對此神邏輯發出排山倒海的批評。

神邏輯最有趣的現象，便是說的人自己以為是對的！

晉惠帝「何不食肉糜」的反問之所以荒謬，是因為他的認知僅建立在自己的經驗上，而這經驗缺乏普遍性，因此他就算有自己的邏輯，合於他自己認為正確的「因果判斷」，卻也坐實了「神邏輯」的發生。

閱讀教學上，尤其是做文本分析時，部分老師無意中用前因後果的因果關係作為對脈絡的理解，是不正確的，因為「因果」談的是開始和結尾的對應，而「脈絡」是每個步驟或環節前後關聯性與彼此間的影響，不同的脈絡認知會導出對結果緣由不同的詮釋。

無法看出脈絡或沒有建立脈絡的能力，反映在學生和學習層面的現象，就是只擁有答案卻不知道答案從何而來、如何得來。這能力對學習影響很深，而且其影響會一直延伸到社會與生活。

學校學習閱讀的文本相對單純，大多都是單一線性脈絡。但真實社會的複雜情境，甚至很多社會事件本身就是文本或脈絡觀點上的爭論。例如某某人的一段談話或是聲明，往往需要閱讀各方不同觀點的解讀，對文本脈絡的理解，也就等同於我們對事件的理解。

我舉一個在網路上引發熱烈論戰的新聞當例子。中秋節烤肉已經成為台灣中秋節獨特的應景活動，有一位衛福部官員在媒體上指出，國人燒炭自殺的比例在中秋節後都會上升，因此需要「改掉中秋烤肉的習慣」。這說法馬上被許多網友調侃為神邏輯。後來衛福部發表聲明，澄清他們並無推動中秋不烤肉的政策，然而國內自殺死亡數據確實顯示中秋節後燒炭自殺死亡人數有上升的情形，故提醒民眾烤肉之後應注意妥善處理餘炭，不要隨手置放家中，木炭管理也是自殺防治的策略之一，更重要的是呼籲大家應隨時關心周遭親友，同心協力預防自殺憾事的發生。

從衛福部後來的聲明可以看出，他們將中秋節後燒炭自殺死亡人數上升的結果，歸因於中秋烤肉的習慣與木炭取得未經妥善管理。顯然衛福部官員依實際數據，以邏輯作為工具，建立論述的脈絡。但是，很可能還有其他的原因導致這結果，例如，媒體經常報導燒炭自殺的新聞，也有可能長期集體性的暗示燒炭是自殺最為便捷的方法，只是媒體隱而不談，更遑論反思探討其可能性。所以，在建立自己觀點的脈絡前，需要進入不同觀點的脈絡裡。否則，在指稱他人神邏輯的同時，我們也正以自己的神邏輯展現它暗黑的力量。

面對真實而複雜的情境，需要去理解不同觀點的脈絡，的確考驗著沒有梳理脈絡能力的學生，同時也對身為教育者的我們提出挑戰。

許多笑話常利用邏輯錯置形成荒謬，而創造「幽默」的效果，懂得這種幽默，是一種高層次的心智表現。當這種「神邏輯」放在與真實生活無關的故事或戲劇裡，確實好笑、有趣，可是一旦在嚴肅的議題上出現了神邏輯，真實社會中時時上演真人實境的荒謬劇——尤其我們可能也是造成這種結果的推手之一，恐怕就一點都不好笑了。

可以不要「根據文本」嗎？

PISA閱讀評量的提問起始語「根據文本」，讓許多師生不習慣與困惑。那麼，可以不要「根據文本」嗎？如果不根據文本，會發生什麼事？我們需要先有這個認識：文本中的世界是作者的世界；閱讀要先理解的是作者的世界。能掌握作者在文本中論述的目的，才不致於發生片段或破碎的閱讀，也才能完整理解並運用文本。

素養成為教育趨勢與新課綱的核心，除了教學思維與課程設計需要調整，更重要的是檢核老師教學與學生學習成果的評量應該先行一步，以作為共同的基準與目標。素養評量因要檢核的能力內涵不同，會有較多樣的形式，不過我們熟悉的紙本測驗依然會存在，就算未來會像現在ＰＩＳＡ國際學生能力評量一樣在數位平台上進行，「學生回答提問」的基本模式並不會改變。不過，問題的內涵正快速且大幅改變，這從提問的問句變化可以看出來。如果從ＰＩＳＡ閱讀評量的題目來看，有一個過去在我們考試中很少見的提問起始語「根據文本」大量出現，這也是讓許多人包括老師和學生不習慣與困惑的地方。

一定要在提問前加「請根據文本」嗎？可以不要嗎？這是個好問題，因為這簡單的幾個字正是閱讀素養的核心。這裡，我先不直接說明，我想請各位跟著我從另一個面向來思考：「如果不根據文本，會發生什麼事？」

讓我們先想像一個情境。

一位老朋友說要介紹一位對教育充滿熱情，又以創新教育為目標，成立公司又辦學校的教授給你認識。你在約定的時間抵達咖啡廳，但環視周遭，朋友還沒來，你選了一個在窗邊的桌子先坐下。等待期間人進人出，這時候一位中年男子，留著鬍子，一頭長鬈髮梳成馬尾，簡單的襯衫搭配一件看起來穿了很久的牛仔褲，背著一只皮背包站在咖啡廳門口滑手機。你心裡想應該不是這個人，因為他看起來不修邊幅，不像印象中的教授，比較像從事設計或創意工作的廣告人。所以你把目光移開，注意到稍遠處另一位中年男子，他戴著眼鏡，穿著捲起袖子的襯衫，手提塞滿文件的公事包，你心想，他應該就是朋友要介紹你認識的教授。這時你的朋友從另一個方向來到門口，他和那位手提公事包的先生擦身而過，卻熱絡的迎向那位綁馬尾的先生，並且一起走進咖啡廳。他第一眼就發現你已經坐在咖啡廳裡，趕緊走過來說：「啊！抱歉，我遲到了，來來來，我跟你介紹，這位就是我一直跟你說的那位拿到第一屆世界教育創新獎，還創辦團體自學『無界塾』的葉教授！」

這個小故事，就是一個沒有根據文本進行廣泛理解，形成誤判的例子。但是你可能會說：「有啊！故事裡我有仔細端詳那位綁馬尾的先生，怎麼會說我沒有根據文本呢？」這真是一個好問題，回答這問題要分成兩個層面來說。

第一個要認識的是，我們如何看待文本的完整性？從學生回答素養提問的答案分析，我們發現許多孩子之所以答錯，是因為破碎與片段化的閱讀，導致無法完整理解並使用文本。這種破碎與片段化，跟閱讀習慣有關係，尤其是「畫重點」的觀念。這樣說似乎更難理解了，不急，我多說明一下。畫重點是有效的閱讀方法，但是也很容易形成理解的盲點，因為畫重點的同時，我們正在暗示自己，文本中沒有畫到的部分就不是重點。因此，原先作者以文本中每一個字、每一則訊息傳遞他的觀點或情感的完整性，卻因為我們在閱讀過程中提取了我們認為的重點，並且以這些重點建立自己的脈絡，取代了作者原來就放在文本中的脈絡，忽視了文本的完整性，形成破碎閱讀而不自知。對應到上面的故事，看見綁馬尾的葉教授時就以眼前所見來分析判斷，忽視將「人」作為一個完整文本來看待時，除了外貌打扮之外，還要參考他的言行舉止、過往所作所為、別人對他的觀察，甚至他在工作和生活上創造的價值等諸多面向，否則就有可能落入「斷章取義」或「以管窺天」的誤讀。

第二個要思考的是，文本的完整性應該建立在什麼條件上？前面談到畫重點，這些重點是誰認為的重點？習慣上這些重點都是讀者自己認為的重點，但是讀者不是作者，文本中的世界是作者的世界，因此閱讀要先理解的是作者的世界。有這個觀念後，關於文本的完整性要建立在什麼條件上，就有一個明確的條件——它需要建立在作者於文本中論述或故事發展的目的上。以此為前提，每一個我們畫下的重點，就不是讀者自身價值或情感經驗的投射。

當前閱讀素養評量的提問，絕大多數是想知道孩子是否有能力正確理解作者的想法、字句的意涵、引用資料間的關聯性，或是為何以這樣的形式來表達等，歸納其根本，就是藉由閱讀文本理解作者與作品，而不是表現自己，誤把主觀詮釋作品視為客觀理解作者。我們再從上面的故事來看，因為等待的人對教授的形象有先入為主的觀念，並且當成判斷的依據，所以不自覺形成認知的盲點，忽視個人的特質與差異性，最後造成錯誤的判斷。這情況尤其經常出現在比較有閱讀經驗的孩子身上，因為他們依經驗在心裡建立判別的模組，習慣以既有的模組套到形式相似或議題相近的不同文本上，卻沒看見各文本間的差異。模組若應用到教學上，的確便於操作，方便教學者，但是對孩子而言，原本閱讀素養教育就是要他們擁有獨立思辨和對應不同閱讀需要的能力，若模組成為僵化的思維，反而讓孩子陷入個人盲點而不自知。

從上面的分析來看，困擾許多人的「根據文本」這四個字，可以不要嗎？看樣子是不行喔！因為合理的理解，並不是根據自己的經驗，而是根據我們都看見的完整的事實！

關於答案，誰說了算？

考題引用某作家的作品，答案卻引發爭議，連作家都表示他寫作時並沒有那樣的想法。其實，問題出在「題目與答案之間的關係不明確」。現在的閱讀素養評量，不再是探究絕對二分的「對和錯」，它要求的是符合真實生活情境的思維過程，要讓經驗各異的人也能達成共識，所以命題必須訊息完整、條件明確，才能推導出合理而一致的答案。

考卷上有一題根據某作家散文作品所設計的問題，考後公布的正確選項引起了多方討論，最後為了尋求正確的答案，詢問作家本人，但作家看完題目後說：「我在寫的時候沒想過這個意思。」這看似最可靠的求證結果卻受到挑戰，因為有人引用法國著名文學理論家與評論家羅蘭・巴特（Roland Barthes）「作者已死」的觀點反駁：「文本是開放性的，永遠不存在一個完成狀態。」所以，那個題目的每個選項都有其存在的可能，於是爭議又再度掀起……。

上面的情境是不是有點熟悉？因為近年的大考中就出現兩次這種情況。回顧兩次升學考試有爭議的題目，一次是一〇五年國中會考，國文科節選現代詩〈養鳥須知〉前兩段作為考題，結果詩人陳斐雯在個人臉書上自嘲，「我不知道答案是哪一個」。第二次則是一〇八年大學學測國文科閱讀題組，選了音樂評論家馬世芳的文章〈煙火與火焰的種子〉。馬世芳隨後在網路上貼文說：「但我想說的不只這樣：作品發表之後，解釋權就不再只屬於作者自己，這道理我明白。不過這三題閱讀測驗，除了第三題我很有把握，前兩題左看右看，都選不出『正確答案』，還是有點兒氣惱。」兩位作者似乎都陷入看似荒謬、無法理解自己作品的困境。馬世芳自己所說「作品發表之後，解釋權就不再只屬於作者自己」，也就是羅蘭・巴特提出「作者已死」的論點。所以關於文本，到底作者、讀者、出題者，誰說了算？

在許多與老師交流的機會裡，我發現幾乎所有老師都知道「作者已死」、「文本是開放性的」，或「讀者的詮釋有其超越文本的價值」等觀念，所以我舉了下面的例子和老師討論。

一位學生拿著考卷來到你面前，指著被扣分的題目說：「老師，我剛剛拿到考卷，想起『作者已死，文本是開放性的，永遠不存在一個完成狀態』這句話。面對考卷，我是唯一的讀者，我的理解可以當作是不同觀點，豐富了文章的內涵，那你怎麼可以說我的答案是錯的！」

如果這位學生在你班上，你會怎麼回答？多數老師都陷入長長的思考，有些老師則很快回答：「我給學生的答案是考試要的正確答案，他記起來就好。」這答案很務實，我不會說老師有錯。不過現在考試中的文章，都是課堂上學生不曾讀過，老師沒教過的，學生如何面對？更現實來說，是老師如何面對！

關於「作者已死」的觀念若要放在本書中來談，大概從這頁開始的一百頁都會圍繞在這觀點的說明與辯證上，所以我想從另一個面向來釐清問題。這次關於理解的爭議是發生在考試中，而爭議的內容是答案，那麼我們就放下作者、讀者與出題者，也將文本放到一旁，把焦點放在「答案」的條件，了解如何形成「合理的答案」，才能避免日後發生類似的情況。

過往考試題目與答案之間的關係很明確，因為考試的內容來自課本，尤其是國文課本，所有題目出處的文本都是老師在課堂上解釋過的文章。因此，從字詞解釋到段落大意、文章主旨，都有統一的正確答案。就考試而言，這樣的形式有好處，因為命題容易，答案統一，極少有差錯，最後批閱容易。但以這種命題來評量學生的學習成果，其缺點就是只能反映出學生對內容記憶精熟與否。若以素養為學習與評量的指標，將難以辨識學生是以何種能力素養作答，無法鑑別各個學生之間素養上的差異。因此，當前國際間素養考題在閱讀素養的評量上，都選擇學生在學校沒讀過的文本，佐以多元生活議題與多樣文本形式來設計評量。這種評量設計的核心觀點是，只要文本形式與議題內容是普世生活共有的情境，學生就能以平時培養的能力及素養來作答，而每個學生評量結果的差異，就可視為素養上的差別。

為了因應這樣的提問設計，出題者要先建立「答案是一個光譜」的觀念。

在學校裡透過教學與評量，無形中養成我們對正確與不正確，對與錯這種二分法下絕對答案的思維習慣。但是在真實生活中，答案判斷很少如此絕對。舉例來說，我們到餐廳吃飯，用餐結束時，服務人員除了送來帳單外，有時會給一張服務滿意度的問卷，上面每個項目從不好到很滿意之間還分了不同等級。這就是我所說的答案光譜。因為每個人在同一家餐廳用餐的體驗，會因為個人的條件要求而有所不同。擴大來看，所有事物在判斷上似乎都存在著人與人之間的差異。而更進一步來看，「正確」這條件也是變動不一的。不同價值、文化、觀點甚至時間，都形成不同認知上的正確，例如「以退為進」這觀念是否正確？或是一支股票，買或不買哪個決定正確？放在持有時間長短的條件上，就有不同的判斷。此外，從前面的說明來看，不知你有沒有發現到：「對與錯」、「正確與否」要讓有著個別差異的人做出一致而合理的選擇，還要注意一件事──判斷哪個答案正確，需要明確的前提和客觀充分的條件。

這麼說有點抽象，我用一個簡單的例子來補充說明。

有一位老師叫阿成，他認為蘋果是全世界最好吃的水果，有一次他在課堂上問班上的同學：「你們覺得蘋果好不好吃啊？」原本他預期全班會齊聲說：「好吃～」（事實上這情況大概只會發生在幼稚園裡）結果班上同學的答案很不一樣。

同學甲說：「不好吃，都沒有水分。」

同學乙說：「還好，可是削皮很麻煩。」

同學丙說：「我覺得西瓜比較好吃。」

同學丁說：「老師你說的是富士蘋果，還是華盛頓蘋果？我比較喜歡吃富士蘋果，因為比較脆。華盛頓蘋果咬起來鬆鬆的，我不喜歡。」

同學戊說：「老師，蘋果是看起來很美，所以感覺好吃。」

阿成老師一時間什麼話也答不上來，因為這些答案跟他原先預期的差太多了。

這個例子顯示阿成老師的提問並沒有明確的前提與條件，所以五位同學都是根據自己的經驗與認知來回答，各自成理。而且阿成老師所期待的答案，只是他自己心裡認為正確的答案，缺乏客觀的支持理由。這樣當然無法產生共識。

所以個別的差異要如何排除？請看下面的例子。

根據農業專業研究單位以「甜度測試器」測量水果甜度的結果，一般認為很甜的紅甘蔗，平均甜度為十二．五度。現在有一顆新品種的蘋果，甜度為十五度，請問這顆新品種蘋果吃起來會是甜的蘋果或是酸的蘋果？答案是：甜的蘋果。因為根據前面的敘述，普遍認為甜的紅甘蔗才十二．五度，而這顆蘋果甜度為十五度，超過了紅甘蔗，因此這蘋果會是一顆甜的蘋果。

從蘋果這個例子可以很明顯的看到，提問提供了較完整的訊息和明確的條件，以「甜度測試器」測量的客觀數據作為判斷依據，排除個人對蘋果甜度的認知差異，才能形成一個客觀而合理的答案。

往後如果再聽到有人問：「關於答案，到底作者、讀者、出題者誰說了算？」你心裡明白，答案不是誰說了算，而是要符合前置條件與客觀訊息的答案才算。否則誰說了算？如果最後是拳頭最大的說了算，那可真的很沒素養啊！

在問題與答案之間

過去我們習慣學習中有預設的標準答案，或在別人的言論與文字中找出等同於答案的內容。

但閱讀素養教育不是給予孩子答案，或讀完之後要他們牢記內容。閱讀內容，然後在心中提出問題，嘗試推敲作者的想法，並發掘自己獨有的想法，這樣主動追求答案的態度與能力，才是我們期待的。

因為父親是一位文字工作者，也是一位愛書人，我成長的家中並無太多裝潢，觸目所及皆是書，尤其是父親的書房，四個牆面都是書架，排滿各國不同時期作家的經典作品。我很小的時候，父親就讓我自由的取用他書架上的書。由於藏書數量實在太多，找書閱讀如同尋寶一般。隨著年齡漸長，我發現書架上除了經典原著之外，有另一類的書，是一些專家學者對作家個人或作品分析與介紹的書，讀起來似乎更有學問，而且比起閱讀經典、原著還更省事。有了這個發現之後，我開始閱讀充滿專業術語與分析理論的作品。大學時代，每當與同學或老師談論文學、藝術、創作等話題，我都能侃侃而談，似乎是位飽學之士。好長一段時間，我一直以這樣的收穫沾沾自喜，直到我出國念書才有所轉變。

我求學的過程很幸運，有機會在加拿大溫哥華市學習與生活兩年多的時間，一次與老師的對話，給我上了生命中重要的一課。

當年帶著滿滿的自信與投身藝術工作的夢想，負笈到 Emily Carr University of Art and Design 這所北美知名的藝術大學求學。當時我們每週都被要求帶該週所有的作品和進度到班上展示，讓同學間相互發問、討論評議。幾次下來，我雖然英語還不夠精熟，但總能從美術史與藝術理論的脈絡中談出幾分道理。一個學期後，指導教授 Lucy 在某天課程結束前問了我一個問題。我依稀記得她是如此問：「Maurice, you are a great painter, but not an artist. You know art history and theory well, but, what is your own feeling and point of view?（Maurice，你是一位很好的畫家，但不是藝術家，你熟知藝術史與理論，但是屬於你自己的感受與觀點是什麼？）」這段話給了當時的我重重一擊！我雖然努力想回應她的質問，但是我最終啞口無言，因為我突然發現她是對的，我心中塞滿別人的觀點，而我以為這些就是我的。她也藉這個機會告訴所有同學，繪畫只是傳遞想法的形式與媒介，藝術最終要傳遞的是自己的想法。「想說什麼？」是自己真實的感受與思想存在的證明，同時也區分了畫家與藝術家在層次上巨大的差異。

這當然對當時的我帶來巨大的衝擊，因為這與我過往所有的學習經驗是全然不同的觀念。回想在國內的求學經驗，我們習慣學習中有個預設存在的標準答案，或是在別人的言論與文字中畫下等同於答案的內容，取代自己探究的歷程。而課堂上老師的觀點，也是依照他所讀的教學資料，或是轉述他學習過程中得自於老師所給予的答案。結果，沒有多少人是真正以自己的能力，建立對閱讀內容的理解。所以，每個提問都對應於一個老師的期待或是考試認可的正確答案，這樣的教育綁架了我們的思維，連試著在自己腦中建立個人觀點的勇氣與能力都遺忘了。

有了這一層認知後，我也才真正理解，為什麼教授要費心安排每週一次四小時的討論時間。因為討論中，為了要具體把心中的想法清楚的分享給同學，需要把原本破碎、片段、模糊，可能還在發散階段的概念，整理成為可以被理解和討論的明確觀點。在同學相互提問與回答的過程中，一次又一次重新梳理、檢核自己的主觀認知，發現其中的盲點或未曾看見的面向。覺察自己先前沒有意識到卻更為深層的思維，創造新的思考，跨出原有的框架，擴大內在的豐富，改變觀看外界的眼光。課後私下與同學聊天時，發現大家都有同樣的感受，這堂課表面像是在評論別人的作品，卻每每發現收穫最多的是自己。

這個重要的學習歷程，後來也影響了我的閱讀，從過去畫重點、記住內容成為答案，轉變為閱讀內容，在心中提出問題，並嘗試去推敲作者的想法。

例如我讀完張愛玲的〈天才夢〉這篇文章後，我就問自己（其實是問張愛玲）這些問題：

- 為什麼你要在「天才」後面加一個「夢」字？
- 為什麼你在文章中不認為自己是天才？
- 你在文章開頭就提出「瓦格涅」（音樂家華格納），並且說世人會原諒他的疏狂，卻不會原諒你，是不是你以他來對比你在世人眼中，沒有足夠的天才才情，得以被原諒你在生活中的無能？
- 文章中只出現兩個人物，一位是「瓦格涅」，另一位是你的母親。「瓦格涅」的出現似乎有定義天才的目的，那出現母親的目的是什麼？
- 文章中，母親和你總是有不同的價值觀，你背後想說什麼？
- 文章似乎可以從母親回國那裡切分為前後兩段，是你刻意安排的嗎？因為前段描寫你在藝術上咨意發揮的天賦，很合乎「生命是一襲華麗的袍」，而後段生活中細小又磨人的挫折，很呼應「卻爬滿了蚤子」的形容。

- 你文章中寫了避世的快樂村，這群村民不是因為羸弱而深居避世，而是因為強悍。強悍、隱世、避免衝突的村民，是你的內心形象嗎？快樂村是你內心安身的原鄉嗎？
- 我覺得你這篇文章藏了一個你心裡面的疑問：「誰能決定我是誰？」你同意嗎？

這是我現在閱讀一篇文章後理解的方法。透過文章具體的內容，對作者提出許多問題，形成我與作者的對話。就像是我在加拿大學校那每週一次四個小時的討論課，建立了我的觀點、我的提問、我的答案、我的論述。

這世界就如同一位原創作家，述說著他自己的故事，而創作者以他自身的參與，轉譯了他所處的世界，傳達他的感受和觀點。最後以自己的語言和作品將它說出來。

因此，閱讀原著、原典，一如面對一個原創的世界。藉由閱讀的過程，我們親身與作者的內在心靈直接對話，以自己的能力形塑個人的觀點。不同讀者的觀點與詮釋，提供我們在閱讀上不同的理解路徑，那是不同面向思辨的材料，當然可作為參考，但不必然非得接受或認同。在閱讀中體驗自己有什麼感受，覺察怎麼思考更為重要。這樣的自主能力，正是獨立思考的條件。

所以，閱讀素養教育不是給予答案，或要孩子讀完後去記得內容；培養孩子在讀完之後開展探究，透過與文本對話發掘自己獨有的想法，這樣主動追求答案的態度與能力，才是我們應該認真期待的。

閱讀素養，就存在於問題與答案之間，那勇敢向未知求解的歷程。

「我不知道！」這回答太好了

> 英國科學家牛頓在發現他影響後世的偉大定理之前，曾在日常生活中問出似乎無需思索的問題：「蘋果為什麼總是垂直掉落地面呢？」
> 希臘哲學家蘇格拉底有一句名言：「我唯一知道的事，是我不知道。」
> 形成問題之前，需要先接受一個想法，就是「我不知道」。那是我們學習的起點，在好奇與渴望知道中，帶著問題向未知前進。

近年有許多演講和入班教學演示的邀約，每次對我而言都是學習，而且總有令人記憶深刻和我不知道的人與事。

有一次是到一所中部的國中入班教學，教室內除了原有的學生之外，後面還坐了二十多位老師。課堂開始後，我先讓學生閱讀當天準備好的內容，接著依慣例透過提問引導學生進行討論。學生的回答多元也有趣，很開心他們努力的從我設計的問題中展開對文本與作者的理解。一切似乎都很順利，但是在進行其中一個問題的討論時，一位學生的眼神和肢體動作吸引了我的注意，那情況不是疏離，不是分心，而是一種困惑。我刻意點了那位同學回答。他一開始有點遲疑，但不知是什麼原因，他接過我給他的麥克風，緩緩說出：「我不知道！」這個回答當然引起全班的笑聲，但不是譏笑，而是感到有趣的笑。當下坐在後方的老師群裡有陣小小的騷動，我想大概是老師們驚訝於這麼直接誠實的答案，因而有點尷尬。

我從這孩子手中接回他還給我的麥克風，跟他說：「我好喜歡你的答案，謝謝你。」當下他臉上閃過一陣不知所措又害羞的表情。老師們似乎也因為這突然的回答而開始交頭接耳。但我好開心，好開心，因為我真的好喜歡這個答案……

這世界的生活，每一天都充滿挑戰，有些僅屬於個人，有些需要全人類共同面對。在某些美妙的時刻，這些個人對問題所形成的學習，將帶領整個時代往原先未知的領域邁進一大步。

這情況最有代表性又為我們熟知的故事，應該就是英國科學家牛頓與蘋果的故事。一天傍晚，牛頓坐在蘋果樹下乘涼。忽然，一個蘋果從樹上掉下來，落在他的頭上。這事開啟了他的一個想法：「蘋果為什麼會掉下來呢？」他繼續自言自語，「可是，為什麼蘋果只向地面上落，而不向天上飛去，也不向左、向右拋開呢？」為了弄明白這個問題，他又反覆觀察，專心研究，終於提出蘋果落地的解釋，是因為重力讓地球擁有引力！

牛頓個人面對問題所做的探究與結果，提供了建立科學所需要的定理，促成了現代科學的誕生，指導科學發展長達兩百多年。在二十世紀以前，人們認為牛頓的學說已經是物理學的頂峰，一切物理學的疑難雜症都可以在他的理論中找到答案。但是，他的經典力學最後仍然被愛因斯坦的「相對論」修正了。事實上愛因斯坦提出相對論的思考，可以追溯到他十六歲時曾經問過的一個問題：「如果我以光速奔跑，會看到什麼？」

這兩位偉大的科學家，都在日常生活的情境中問出似乎無需思索，已經有理所當然答案的問題，可是這簡單的問題卻讓後世理解這世界運作的物理條件，進而窺視在光速盡頭的未來。他們的故事當然足以說明提問能力的價值。但是，在提問之前是否還發生了什麼事，才會形成問題？

下面我曾經提出的問題，或許可以做為我們理解的開始。

關於牛頓與蘋果的故事，不管你我所聽過的版本是否相同，我們都知道這個故事。但是我曾好奇的問了這個問題：「牛頓真的有被樹上掉下來的蘋果打到嗎？如果有，是什麼時候，在哪裡？」

我真的問了這個似乎無需問的問題！而且我很認真的去尋找答案。經過一番查詢才知道，原來這故事部分是真實的，部分是捏造的。

英國皇家學會在紀念成立三百五十週年時，在其網站公布了七份歷史文獻手稿，其中一份牛頓回憶錄中記錄了「牛頓與蘋果樹」的故事。這份回憶錄由牛頓的好友威廉・斯蒂克利寫成，出版於一七五二年，手稿寫道：「飯後，天氣變暖和了，我和牛頓走進公園內的蘋果樹下準備喝茶。在此之前，牛頓就已經對重力有了模糊的認識和理解。牛頓在蘋果樹下思考這一問題，思緒被一顆偶然掉落的蘋果打斷。牛頓開始思考，為何蘋果總是垂直落向地面……毫無疑問，原因就是地球在吸引它。」根據這份回憶錄，掉落的蘋果與牛頓探索重力的研究有關。那麼，他被蘋果打到頭的說法從何而來？根據學者比對資料，是後人在轉述故事中增加的橋段，甚至有個說法是法國思想家伏爾泰加上的，但是這說法我無從找到證據，就姑且聽聽吧。

這故事有讓你發現一個觀念嗎？

如果我們一味接受自己理所當然的已知，並且當作理解的依據，形成模糊甚至是錯誤認知，將成為理解事物的限制。

希臘哲學家蘇格拉底有一句名言，一直啟發後世。他說：「我唯一知道的事，是我不知道。」

這句看似矛盾的話隱含著智者的思維，提醒眾人要能自我覺察的觀照自己，提醒自己，保持在「想要知道」的好奇與渴望中，別被自己的已知蒙蔽，失去探究真理之途。二〇〇五年，五十六歲的蘋果電腦執行長賈伯斯（Steve Jobs）在美國史丹佛大學畢業典禮上送給畢業生的箴言是：「求知若飢，虛心若愚。」（Stay hungry. Stay foolish.）也呼應著這精神。

形成問題之前，需要先接受一個想法，就是「我不知道」。在好奇與渴望知道中，帶著問題向未知前進。

牛頓因此開創了前人未至之境，愛因斯坦也因為這樣的態度，在光的指引下，跨入未知的領域。但是站在知識疆界的邊境，愛因斯坦謙卑的提醒：「在我們知識之圓擴大之際，同一此時，未知的黑暗依舊將它包圍。」（As our circle of knowledge expands, so does the circumference of darkness surrounding it.）

還記得前面我說的那堂課嗎？我接過孩子給我的麥克風對著全班的同學說：「我喜歡你說『我不知道』，它或許是今天最重要的答案。因為它需要勇氣，而且是你和我學習開始的地方。」

「我不知道」不是錯誤的答案，而是重要的答案。因為那是存在的證明，是探索的起點，是學習誕生的所在，是黑暗中有了光……

輯三

實踐閱讀素養，前進未來

從未知到已知，從過去到未來，從主觀到客觀，從訊息到意義，從作者到自己，從文本到生命，我們都在閱讀中向未知前進——這是我們共同的宿命，也是共同的素養。

毛利小五郎與柯南，誰陪你閱讀？

《名偵探柯南》中有兩個對比明顯的角色。毛利小五郎總是聽完案情說明，看了部分證據，很快就宣布凶手是誰；但柯南會看每一項證物，思索凶手動機，比對兩者關聯，逐一排除不合理的條件。一旦出現了新線索，他也會重新推論，直到證據充分才做出最後判斷。

在閱讀上，你是毛利小五郎，還是柯南呢？

《名偵探柯南》這部卡通影片很多人耳熟能詳，不僅小孩喜歡看，更有不少大人也是鐵粉。我雖然不是其中之一，但是跟著孩子看過幾部之後，也喜歡上柯南那句關鍵台詞：「真相只有一個！」而且我發現這部卡通在角色與情節設計上，巧妙的提醒我們在閱讀和認知上一件重要的事。

工藤新一，也就是柯南在卡通影片中的真實身分，是一位天才少年偵探，遭到邪惡組織下毒，讓他外表變成一位小學二年級的小朋友，但是他依舊以過人的才智屢屢幫警方偵破大案。故事中另一個重要角色，就是私家偵探毛利小五郎。毛利小五郎原先是警探，後來轉職成為私家偵探，有趣的是他曾任警探，按理說在辦案上應該有更多專業經驗，但是從結果來看，他在偵破案件的表現上實在不行。

雖然毛利小五郎本身辦案功夫不好，所幸有柯南在背後暗助，大家便以為他是一位厲害的偵探，因此每當警方遇到棘手的案件，目暮警官總是會找他做案情諮詢。卡通裡每次目暮警官向毛利小五郎說明案情時，毛利小五郎總是對流連在他身邊偷聽案情的柯南說：「你是小孩子，不要在這裡，去跟其他小朋友玩。」不過柯南總是會想辦法溜回來參與其中。

毛利小五郎與柯南兩人在理解案情、推論凶手的過程中差異很大。毛利小五郎每次都是聽完案情說明，看了部分證據，就充滿自信的說：「凶手就是某某某。」隨後依自己的認定，選擇證據來證明自己的推論。但一旁的柯南卻用不一樣的方式進行思考。他會看所有的證物，思索凶手動機，比對證物跟可能凶手間的關聯，透過驗證，排除不可能與不合理的條件。一旦出現了新線索，他也會視需要而推翻原先的假設，重新建立新的推論，直到證據充分才做出最後判斷。

比較毛利小五郎與柯南兩個人的思考過程，我們可以說毛利小五郎是依賴主觀經驗來判斷，柯南則是依據客觀證據來推論。這兩個角色的設定與對話，正是我認為這卡通最有趣的地方。因為這兩個一起思考、理解並找出答案的角色，剛好象徵我們頭腦中的主觀意識與客觀意識。毛利小五郎在破案過程經常想支開柯南，一如我們頭腦中那自大的自我所形成的「主觀」會對「客觀」做的事，總是想請對方離遠一點。如此主觀意識才能充滿自信的說：「凶手就是某某某。」以滿足那自大的自我。接下來卡通中另一個經典的安排，就是柯南每次要發表他精關的推論時，一定要先迷昏毛利小五郎。這提醒我們，要做正確判斷時，有必要先放下我們的主觀，讓客觀好好把事情說清楚，引領我們做出正確的判斷。

講完毛利小五郎與柯南的隱喻之後，在我們心中，到底是毛利小五郎陪我們閱讀，還是柯南帶我們理解？

接下來我想借用未來學大師艾爾文．托夫勒（Alvin Toffler）的一句話為例。你可以先寫下你認為這段話要告訴我們什麼事，最後再來看看是誰左右了我們的閱讀結果。

二十一世紀的文盲，不是不會寫字和閱讀的人，而是那些無法學習、不願學習和不重新學習的人。

這句話曾被國內外許多談教育的文章引用，我第一次讀到便產生強烈的感受：這麼簡單的話語，卻把學習這件事講得好深刻。但是才一瞬間，我心裡浮現一個聲音：「這句話到底要說什麼？」

請問你讀完這段話後，認為艾爾文．托夫勒想說什麼？

請寫下你的看法，同時，我們來看看我曾問過的幾位學生有什麼樣的答案。

有一位同學說這句話提醒我們：**二十一世紀學習很重要**。

這答案看來好像正確，又似乎沒說清楚。有另一位同學自信滿滿的說這句話是要說明：**二十一世紀文盲的定義與過去不同**。

這答案的確比前一位同學的回答明確許多。因為他指出艾爾文．托夫勒話裡一個重要的條件。但是這句話只為了說明二十一世紀文盲的定義嗎？看來不是！第三位同學舉手了，他說這句話意思是：**人需要持續學習，不然會被淘汰**。

持續學習是一件重要的事，從句子的後半段說到「無法學習、不願學習和不重新學習」來看，似乎暗示持續學習的重要。不過仔細再讀一遍，可以發現跟中斷學習的原因比較有關係。所以，這句話到底要說什麼？

這三位同學的答案值得我們思考一番，所以我把三個答案一起並列來看。

二十一世紀學習很重要。

二十一世紀文盲的定義與過去不同。

人需要持續學習，不然會被淘汰。

這三個答案是同學認為艾爾文．托夫勒想跟我們分享的觀念，但再三讀過後，不知道你跟我的感受是否相同：這三個答案比較像是對這句話個人主觀的詮釋，而不是對這句話客觀的理解。

所以，該如何客觀的理解閱讀的內容？我們可以用有層次的問題來理解。請看下面的問題。

艾爾文．托夫勒曾說：「二十一世紀的文盲，不是不會寫字和閱讀的人，而是那些無法學習、不願學習和不重新學習的人。」根據他這句話的內容：

1. 他認為二十一世紀有沒有文盲？（有）
2. 他認為二十一世紀的文盲跟什麼能力有關？（學習）
3. 影響「學習」的三個因素為何？（無法、不願、不重新）
4. 根據影響「學習」的三個因素，請試著推論二十一世紀文盲的成因為何？（學習的意願與態度）

我根據前面四個問題，開啟對這句話的理解：

艾爾文．托夫勒認為，二十一世紀基於之前教育普及，不再有因為缺乏讀寫能力而成為文盲的人。因此他以這句話分享一個他想探討的問題與答案。這問題是，二十一世紀是否還有文盲？如果文盲的定義不再是不會讀寫的人，那麼二十一世紀的文盲是哪一種人？該怎麼定義？他的答案是那些無法學習、不願學習和不重新學習的人。而「無法、不願、不重新」三個原因的上位概念可以歸結為「缺乏學習意願與態度的人」。

艾爾文．托夫勒這句話講得真切，因為在這個資訊爆炸、新事物不斷產出的時代，如果我們有事情不知道或不會做，並非我們無法閱讀或不想寫字，而是取決於我們是否願意學習。

接下來兩個問題：

5. 你是否贊同他的觀點，為什麼？
6. 你的觀點是什麼？

這六個問題，第一題到第四題的答案可以在這段話中，分別透過「擷取訊息」、「廣泛理解」、「發展解釋」、「統整解釋」四個層次建立答案，形成客觀的理解。有了這個基礎，第五題與第六題，即使是以主觀進行「省思評鑑」給予詮釋和評價，也是建立在正確理解的基礎上；就算最後觀點不同，也能保有合理理解艾爾文．托夫勒觀點的基礎，作為討論的依據。

前面剛讀完艾爾文．托夫勒這句經典名言時，我邀請你把你認為他這句話的意思寫下來。你的理解和我的理解一致嗎？如果不同，你同意我的看法嗎？前面我們說了象徵主觀意識的毛利小五郎許多壞話，好像主觀很不好。其實閱讀永遠是主觀的，因為我們只有這一個腦袋。我認為，主觀很正常，但沒有客觀來協助我們避免主觀的盲點，這才是真正的問題！

對了，剛剛是毛利小五郎陪你閱讀，還是柯南帶你理解呢？

文白戰爭後——找回在比例之爭中消失的國文課

十二年國教新課綱公布之後，高中國文在白話文與文言文的比例上引發熱烈討論。然而，「文白比例」真的是國文課的核心嗎？透過國文課進行的閱讀教育，應該要培養的是孩子透過閱讀建構意義和思辨的能力，若選文中有文言，有白話，有翻譯，有論述，有情意，有實例……無論比例為何，是否更能給孩子一堂豐富的國文課？

二〇一七年夏天，十二年國教新課綱中關於高中國文文言文與白話文應占比例的問題，引發各界熱烈的討論，甚至引起多位我素來敬重的作家彼此之間激烈的文字駁火。作為後輩既感到不忍，又不願見到如此激烈討論的過程中，真正核心問題因為失焦而被遺忘。因此，我想從有別於訴求重要性或價值的脈絡，進一步對這問題提出思考，重新聚焦被比例所掩蓋的國文教育問題上。

這次爭議著眼點似乎都在「比例」這個詞，所以我就從「比例」來談。

「比例」在數學上，是用來說明兩個非零數字對應一個常數的比率關係。這原本是個中性的表述，例如空氣主要由七八％的氮氣、二一％氧氣、以及一％稀有氣體和雜質組成的混合物。但是在一般語言文字使用習慣的認知中，「比例」隱含著關於重要性「高」或「低」的概念，這就讓比例分配成為「重要」與「不重要」的量化呈現。然而，對於「重要」的感受，每個人的條件、順序和經驗都不同。不如我先假設一個公平的比例，文言文、白話文各占五十％，接下來讓我們一起用三個對這件事論述的觀點，檢視這個比例是否成立以及盲點何在。

觀點一、生活情境中較少出現純文言文

先從生活情境來看，我在生活中雖然已經較少接觸純粹的文言文，但也不時片段性的看到或感受到它的影響。很遺憾，我一直沒找到相關的研究可說明這樣的情況應該占多少比例，我就以自己的經驗先假設它為十五％。所以，若以出現率與使用率的結果來計算，原先文言文占五十％的設定似乎偏高了。

觀點二、日常書寫多以白話文為主

從影響文化涵養和人格養成的面向來想，許多文言文作品的內涵與作者生命故事的啟發，學生不一定非要閱讀原文才能習得，有許多白話文書寫的著作同樣具有閱讀學習的價值，而且現在日常書寫以白話文為主，這似乎更讓白話文的重要性提升不少。因此，原先設定白話文占五十％的比例，似乎不足以反映其重要性。

觀點三、文言文在歷史和文學上有無可取代的重要性

這問題若從歷史文化與文學藝術的學習角度來看，那文言文就有無可取代的重要性了，這比例應該要遠遠超過白話文，因為白話文發展的歷史也就是以百年來計，而文言文存在與使用的時間卻是數千年，在這個觀點下，文言文完勝。

依上述三種比例考量來看，我以個別具差異化的經驗來決定文、白的比例，這中間實在難有交集。但是「比例」也應用在另一種情況，例如營養補充或藥劑成分的比例調配，用以調製達成預期效果的組合，這似乎跟教育比較相像。不過這種用於創造成效的比例，需要從結果來進行設計，正如目前素養為核心課程設計的觀念是「以終為始」，以學生的能力素養學習為核心。文、白比例之爭，不應該淪為重要性或意識形態之戰。若比例有其必要，需要檢視這比例是否符合預期中學生應達到的學習成果。若沒有明確的終極目標為依據，那接下來的問題也都跟比例有關，而且將更為難解。

- 從學生閱讀的選擇比例上來看，翻譯作品已經超過本地作家創作，為什麼國文課文中少有翻譯作品？
- 現在財經資訊在生活中占多少比例？學生需要看懂經濟報導嗎？為什麼不選相關內容的課文？
- 新世代的書寫中，火星文使用比例甚至多於文言文，那它應該在課本選文占多少比例？
- 若白話選文占五五％，小說要占多少比例？民國三十八年前後的作品各占多少比例？
- 廣告文本在生活中的閱讀占比極高，要不要算在內？「葉佩文」（業配文）如何判斷真假？
- 為什麼比例是三十％、四五％、五五％這些數字，為什麼不是三五％？依據何在？
- 為什麼三年內容七十二篇就夠了？七十二篇以外就不重要了？七十二篇的數字合於比例嗎？合於什麼比例？

・為什麼是這些篇章，而不是那些沒選上的？

比例迴避了真正該面對的問題。

引發文言文與白話文論戰，貌似科學的「比例」，其實微妙的被用來迴避國文課程延宕多年的幾個更需要正視的核心問題：

・我們的國文課要培養學生具備什麼能力和素養，用以發展個人並參與真實的世界？

・傾向人文涵養及藝術賞析的文學內容，和傾向多元應用的閱讀書寫能力，是否需要區分為不同課程？

・國文教學應以課本為本位、在經典選文中學習，或是以素養為核心、發展有綱無本的主題教學？

當這些核心問題有明確的方向，老師才更能落實新課綱的內涵，有效接軌到課程設計與教學改變，減少各自解讀的遲疑與差異。

我們透過國文課進行的閱讀教育，需要培養和關注的是學生經由閱讀建構意義和思辨的能力。在閱讀的領域，文言、白話一樣重要，都有眾多經典作品足以陶冶心性、啟迪人心、反省時代、展現生命與文化高度。而圖表、數據也同等重要，幫助我們具體有據的進行理性的認知。我們必須要有能力在這些訊息內容中理解世界、發現問題、解決問題、進行反思，以作為下一次學習的開始。

我期待一堂這樣的國文課：如果以「學習」為主題，我們能選擇文言文，如唐朝韓愈的名篇《師說》，節選美國哲學家與教育家杜威（John Dewey）的著作《民主與教育》，節選紀伯倫（Gibran Khalil Gibran）著作《先知》關於教育的部分，分享雷夫．艾斯奎（Rafe Esquith）《第56號教室的奇蹟》與南投爽文國中王政忠老師的《老師，你會不會回來？》的故事，介紹當前翻轉教育風潮，以及媒體上關於台灣教育相關的分析數據圖表，引導討論文、白論戰中雙方的論述，最後反思個人對教育與學習的觀點。這樣的選文中有文言，有白話，有翻譯，有論述，有情意，有實例，有思辨，這堂課沒有比例，更為豐富！

我期待一堂有情意、有論述的國文課。

關心教育的你，難道不期待嗎？

經典，當然要讀！但這問題值得再想深一點……

客觀來說，經典是一種在形式、觀點、價值上具代表性和討論意義的作品，反映了世界的多樣性、人的多元思維和人性的複雜，成為認識世界的途徑和檢視萬象的基準。經典能在不同的時代中引起共鳴，具有引發讀者反思自己所處時代的能力。

「該閱讀經典嗎？」答案自然是肯定的。不但孩子要讀，我們或許更需要。

在多次學校的研習或對社會人士與家長的分享中，遇到不少焦慮的聽眾問到閱讀經典的重要性。我可以理解在這一波素養導向的教育趨勢中，許多老師和家長憂心經典閱讀與教學的重要傳統被稀釋或犧牲。如果你問我：「是否應該給學生閱讀經典作品？」我的答案是：「當然要！」不過，問題若只停留在這看似必然與正確的答案上，很可能錯失對此更深刻思考的機會。經典閱讀是個值得深入討論的問題，我想分享一點我對這問題的思考，就從「經典應具備什麼條件」開始吧。

《老人與海》這篇短篇小說是小說家海明威（Ernest Miller Hemingway）的重要著作，而且是部經典作品。但是，一位老人在海上釣到一尾巨大馬林魚的故事，為什麼可以成為經典？為什麼我們需要讀它？一部作品被許多人閱讀又獲得廣大共鳴，就必然成為經典嗎？許多通俗暢銷小說也具備相同的條件，為什麼不被列入經典的族譜中？經典的條件是什麼？閱讀經典可以擁有什麼收穫？

在有事就問 Google 大神的年代，來看看在 Google 上搜尋「何謂經典」有什麼結果吧。我馬上看到許多的說明，例如：「典籍，泛指古今圖書。現在典籍一詞主要是指經過歷史的淘汰選擇，被人們所公認的代表一個民族的文化水平所達到的高度、深度和廣度的著作。」對我而言，我可以理解這定義，但是這和我作為一位普通讀者的距離很遙遠。

賦予事物定義從來都不是容易的事，尤其愈是眾所周知的事物，需要的不只是精確的文字，更需要超越性的洞見。關於什麼是經典，我沒能力說清楚，但是我個人很偏愛義大利文學大師卡爾維諾（Italo Calvino），在他一九九一年出版的《為什麼閱讀經典》一書中所述及的內容。在書中，卡爾維諾心思細密的一方面思辨「經典」的定義，另一方面又逐層談論為何我們必須讀「經典」。為了完整呈現內容，我從網路上取得他在文中對經典看法如下：

- 經典就是你常常聽人們說「我正在重讀……」的那些書，而絕不是「我正在讀……」的那些書。
- 經典是這樣的書籍，它給予已經閱讀過或鍾愛它們的人們以一種如獲珍寶的體會；同時對於保留機會等待閱讀最佳時機來臨的讀者而言，經典所蘊含的豐富體會也絲毫不減。

- 經典之書能帶來特別的影響，無論是它們深深銘刻在我們想像之中難以忘卻，還是隱隱藏匿於層層記憶之下偽裝成個人或集體的無意識。
- 經典是每次重讀都會帶來初讀時滿滿發現的快意之書。
- 經典是初讀卻感覺像重讀的書。
- 經典之書對其讀者所述永無止境。
- 經典之書帶著前人理解的光環來到我們面前，尾隨其後的又是他們穿過時光長河在各文化中（或者是不同的語言和風俗）所留下的痕跡。
- 經典就是能在其周圍造就批評爭議如一團雲霧的作品，然而它卻能抖落其中的塵埃。
- 經典是我們道聽塗說自以為知之甚多，卻在真正閱讀時發現它們愈加獨一無二、出乎意料並且獨具創意。
- 一部經典作品是這樣一個名稱，它用於形容任何一本表現整個宇宙的書，一本與古代護身符不相上下的書。

- 你的經典便是你絕不能置之不理的書，它幫助你在與它的關係中或反對它的過程中確立你自己。
- 經典之作走在其他經典之前，然則讀過其他經典的人會立刻認識到它在經典著作譜系中的地位。
- 經典就是將當下的嘈雜之音化作嗡嗡背景聲的作品，而這背景聲同時也是經典存在所不可或缺的。
- 經典是作為時代的背景音而存續的作品——即使處支配地位的當下與之格格不入。

這是一位文學大師以讀者立場闡述對經典的體悟、說明經典的條件與價值，其內容本身就已經足以成為經典。但在這典範移轉的年代，這番灼見雖然是我個人在書海的指引極星，卻不必然成為眾人皈依的信仰。眼前的新世代，屬於他們的經典正在崛起，漫威的英雄正在置換傳統神話的英雄，孩子熟悉的三國是電玩版的戰鬥指數，孫悟空是《七龍珠》裡的角色，《哈利波特》成為新世代的共同記憶，事實上每個世代都在建構屬於他們時代的經典。所以我第二個思考的問題是：經典是誰決定的？

這問題可以分成兩個面向來討論。第一個面向是：經典本身的誕生。一部著作成為經典，從作者、主題、時代、讀者等種種條件，其交錯的影響一如蝴蝶效應，我沒有能力能梳理，就算能討論，那個過程或許會成為射箭畫靶的後見之明，所以這問題留給真正的專家學者。但是我可以思考的是第二個面向：誰選擇這些經典應該閱讀，這些又是誰的經典？

二〇一六年有一份給台灣高中生的人文經典閱讀書單[1]引起許多人討論，這份書單如下：尼采（Friedrich Wilhelm Nietzsche）《查拉圖斯特拉如是說》、佛洛伊德（Sigmund Freud）《夢的解析》、韋伯（Max Weber）《基督新教倫理與資本主義精神》、西蒙・波娃（Simone Lucie Ernestine Marie Bertrand de Beauvoir）《第二性》、薩依德（Edward Wadie Said）《東方主義》、傅柯（Michel Foucault）《規訓與懲罰：監獄的誕生》、班納迪克・安德森

（Benedict Anderson）《想像的共同體》等十本經典著作。這真是精采的十本書！但是選擇這十本書依據的原則是什麼？期待學生讀完後具備什麼條件？學習到什麼？有許多也是經典的書沒有選入，為什麼？選書人心裡的邏輯與價值是什麼？學生心目中的經典有讀的需要嗎？

我舉這個例子，並不是要談這些書選得好不好，而是當有一天，我們也需要推薦經典給孩子閱讀時，選擇的思考點是什麼？基於什麼前提？這些經典之間關聯性為何？若由國文老師來選擇，可以預期開出來的書單多為文學經典作品，前面提到的十本書出現的機會相對少很多，那這些作品就比不上文學作品嗎？該如何取捨？總歸來說——我們選擇經典的條件是什麼？從這個問題延伸下去的思考是：經典有其共通性嗎？若孩子要讀經典，誰來選？誰來教？怎麼教？

1 此人文經典閱讀書單，乃指國立臺灣師範大學文學院在二〇一六年首度舉辦「全國高中生人文經典閱讀會考競賽活動」，事前公布給參賽學生研讀的書單。競賽分為團體賽及個人賽，前者為口頭報告小論文的形式，後者則需回答申論題，考題皆出自書單所列十本經典書籍。

經典有不同的類型，有些經典串起脈絡，補上失落的環節，開啟新的方向，許多科學性的經典就建立在這類價值上。有些經典讓我們看見超越時代與族群的生命議題與人性試煉，文學經典是最能顯現這價值的內容。更有些作品記錄了人類自己回答關於世界存在、萬物存在和自身存在的思考，這超越時間空間的限制，成為人類共同而恆久的思索。

放在客觀點的條件來看待經典，對我而言，經典反映一種在形式、觀點、價值上具備代表性和討論意義的作品，反映了世界的多樣性、人的多元思維和人性的複雜，成為認識世界的途徑和檢視萬象的基準，但不必然做為價值判斷的準則。

經典之所成為經典，多因為它們能在不同的時代中引起共鳴，但這種「共鳴」並不僅止於對作者的理解，更具有引發讀者反思自己所處時代的能力。在文學的經典中，讀者透過故事與角色得以反思自身的生命命題；在社會人文的經典中，可以透過作者的心靈與探索的思辨歷程，反省自身時代的困境與機會；在科學的經典中，一窺自然的奧妙、反思人之渺小的同時，卻也驚見我們朝向未知前進的偉大勇氣；在宗教的經典中，得以體驗靈性的高度和人性救贖，面對新世代的經典，可以豐富我們需要更新的心靈。

閱讀經典，正是與人類最具典範性的靈魂對話！若可以理解經典，我們將成為人類偉大心靈的繼承者。若不理解，提出一個自己的解讀也沒關係，因為許多經典並不是容易讀的作品，有時必須到了另一個生命階段才能夠明白其中更深刻的內涵。

閱讀經典的過程如同攀登一座名山，考驗讀者的腦力和意志。我曾多次在演講時提醒，老師在閱讀教學中就像是一位經驗豐富的登山者，而學生是一群初入山林的新手，我們需要親自帶領他們走幾回，避免一些風險，卻又不阻礙他們探索未知的崎嶇小徑，或在迷路的時候能帶著他們回到迷途前的原點，走回原先已在的登頂之路，引導他們欣賞沿途的風景，教導他們該擁有的能力，做為日後攀爬下一座高山的條件！最要不得的就是放任孩子滿山亂跑，或給一本登山手冊就指望他們能登頂成功。

所以，孩子需要閱讀經典嗎？當然要，但不僅僅是要孩子讀，我們自己或許更需要！因為我們是父母，我們是教育者，孩子是從我們身上開始閱讀經典，認識這個世界和他自己。

「差不多先生」的百年課題

差不多先生是一位知名的虛構人物，他一生敷衍及不求甚解的態度，暗示著「實事求是」的重要——這正與閱讀素養的內涵不謀而合。

以素養為導向的閱讀教學，強調要從文本中的客觀事實設計提問，再展開合理推論，依推論進行內容到形式等多層面反思，從而理解文本。這過程就是一種具備獨立思辨精神，「實事求是」的「探究」態度。

二〇一八年十一月底，我應邀前往香港主持一場閱讀素養全天工作坊。這次的工作坊有個特別之處，邀請我的老師希望能以香港語文課的選文作為工作坊的材料。

我當然樂於接受這個要求，能以在地老師熟悉的文本作為交流的材料，讓參與的老師有機會比較語文教學為主體的課程與閱讀素養導向為核心的課程設計之間的差異，並且可以實際在教學上使用，這是很好的建議。

隔天我收到香港老師寄來的選文，打開檔案我有一點驚喜。因為，其中一篇文章是胡適先生的〈差不多先生傳〉，這是我國中時讀過的課文，沒想到這次有機會可以重讀這篇作品。在讀完這篇文章並進行文本分析後，讓我對閱讀素養的重要性有了更深一層的體認。

〈差不多先生傳〉全文原載於民國八年《新生活雜誌》第二期，當年中國在北洋政府統治下的京兆地方，青年學生發動一場學生運動。除了學生之外，社會各階層也參與示威遊行、請願、罷課、罷工等行動。起因是第一次世界大戰結束後舉行的巴黎和會中，西方列強諸國把德國在東北的權益轉讓給日本。當時北洋政府未能捍衛主權，引起全國激憤，這起對政治與文化造成深遠影響的事件，就是我們所熟知的「五四運動」。

廣義來看，五四運動是指一九一五年中日簽訂《對華二十一條要求》以來到一九二六年北伐戰爭這段時間，中國知識界和青年學生追隨「德先生」（民主Democracy）和「賽先生」（科學 Science），探索強國之道，進而反思、批判華夏文化傳統，鼓吹新文化運動。在五四時期那段中西文化衝撞的年代，中國出現多位思想的啟迪者，胡適先生是其中之一，他發表諸多文章，提倡白話文，推動文學改革，啟發思想的革新，成為當時非常活躍且具影響力的代表人物。

胡適先生在《胡適文選》中談到影響他最多的兩個人，一位是英國生物學家赫胥黎（Thomas Huxley），另一位是美國哲學家與教育家杜威（John Dewey），他說：「赫胥黎教我怎樣懷疑，教我不信任一切沒有充分證據的東西。杜威先生教我怎麼思想，教我處處顧到當前的問題，教我把一切學說理想都看作待驗證的假設，處處顧到思想的結果，這兩個人使我明瞭科學方法的性質與功用。」胡適先生認為這種實事求是的思維，是修正中華文化在政治上、學術上、國民素養與思想上一切黑暗的根本之道。

〈差不多先生傳〉中有這樣一段暗示性很強的描述：

「差不多先生的相貌，和你和我都差不多。他有一雙眼睛，但看的不很清楚；有兩隻耳朵，但聽的不很分明；有鼻子和嘴，但他對於氣味和口味都不很講究；他的腦子也不小，但他的記性卻不很精明，他的思想也不細密。」

但更為諷刺的，是下面這段敘述：

「他死後，大家都很稱讚差不多先生樣樣事情看得破，想得通；大家都說他一生不肯認真，不肯算帳，不肯計較，真是一位有德行的人。於是大家給他取個死後的法號，叫他做圓通大師。」

這位從小到大因為不求甚解而犯下許多錯誤，甚至最後失去性命的差不多先生，反倒成為凡事看得開、想得通的「圓通大師」。這近乎於集體性的得過且過與鄉愿的情境，正是文章中對民族文化的沉痾與思想貧瘠的重擊。

可想而知，此文一出，當時必然掀起一番論戰，其影響至今依然蕩蕩。胡適先生個人的一生功過，各方學者各有觀點。但從學術研究與教育的觀點來看，我個人認為他將西方實證哲學與科學方法帶入中國，推動思想與社會現代化的啟蒙之功實不可沒。〈差不多先生傳〉暗示著「求真」、「實事求是」的精神才是國族再造之道。這求真的態度一如美國哈佛大學的校訓「真理」（Veritas），需要經過「提問」與「思考」的辯證，而這正是赫胥黎和杜威在胡適先生心中點亮的火光，也是西方自啟蒙時期之後思想與科學發展的主脈絡。

回到台灣教育現場，各方在關注閱讀素養時，焦點多集中在方法上，卻忽略了內涵。閱讀素養中大家熟知的擷取訊息、統整解釋、省思評鑑的歷程，說明理解一篇文章要先取得文本中的客觀事實，再以客觀事實為基礎，展開合理推論，最後依推論結果進行包含文本內容與形式等多面向的反思。這樣大量的提問與反覆思考的過程，就是一種「實事求是」的「探究」態度。

當前我們以素養為導向的閱讀教學，其內涵恰恰呼應了胡適先生在〈差不多先生傳〉中的期許：所有的國民在思維的條件上應當具備獨立思辨精神，有一分證據說一分話，探究事物的道理，反思自身與所處的情境和所受的影響而採取行動。

十二年國教新課綱即將上路，總綱中多次提到學生需要具備面對真實生活的能力，包括好奇心、探究力、思考力、判斷力與行動力，願意以積極的態度、持續的動力進行探索與學習；從而體驗學習的喜悅，增益自我價值感，這與杜威博士的教育主張「連續性以及實踐中學習」如出一轍。連續性最好的實踐過程就是「探究」，這也是素養課程設計的核心。

二〇一八年底，我們的社會再次接受民主的洗禮。當每一個人都能以手中的選票發表意見、選擇未來，事實上接受考驗的便不只是候選人，更是每一位選民。若鄉愿、盲從、情緒、偏見、意識形態、淺薄的思維、不求甚解的態度，成為我們判斷的依據，這一切的結果將由所有人共同承擔。

在真實世界裡，我們每天面對的生活，就是貨真價實的素養題。至於答案在哪裡？其實重點不在「答案」這兩個字，而在探究答案的過程中，每一次的發現和重新開始。

寇克艦長、史巴克與觀眾

《星際爭霸戰》裡，企業號戰艦每逢困境，衝動的寇克憑直覺判斷，冷靜的史巴克就把艦長的直覺判斷放入邏輯中分析推論。當我們展開閱讀理解之旅，就像頭腦裡住著寇克與史巴克，感性與理性相互作用；但同時我們還應該不時跳脫正在閱讀的故事或參與其中的情境——用「後設認知」能力，更自覺的站在高處，在未知的旅程中保持覺醒。

下頁各位所看到的照片，是我在一次工作坊結束後，走在人行道上看到了一個吸引我的畫面，當下隨手以手機拍下來的。我想請各位猜猜看，根據這張照片，如果我回到拍照片的現場，把手伸直朝著照片中的方向直直往前走，我會碰

到哪些東西？你有答案了嗎？

如果你的第一個答案是「玻璃」，恭喜你答對了，這張照片上，我在拍攝地點往前走，首先會碰到的東西是「玻璃」。事實上這個答案不容易猜，因為它必須結合你具備的經驗和知識，一起做合理判斷。但是這過程在腦中發生的太快了，快到我們以為那是理所當然該知道的事，而沒覺察這過程的步驟：擷取訊息、統整解釋和省思評鑑的存在以及其複雜性。

彩色版照片連結

先恭喜你答對了第一題，第二個問題是：在玻璃之後，會再碰到什麼東西？如果你的答案是近景的「植物」，再次恭喜你，又答對了！那接下來是否同理可證，可以走過馬路，摸到計程車、建築物等？如果你是這麼認為，請小心：你已經因為原先認知上的理所當然，開始對照片產生錯誤的理解了。

這張照片看似合理，其實充滿不合理。例如馬路後的那棟建築物，在屋頂上有嚴重的斑駁，而且露出巨大的石塊，不太像是一棟正常的建築；建築正面可以明顯看見幾道像房屋柱子的白色線條，如果那是房屋的柱子，為什麼會超過屋頂；此外，房子的窗戶，為什麼超過屋頂了，還有半透明的窗子的影像？如果我往前走可以摸到計程車，那麼近景四棵植物又是從哪裡長出來的呢？我們還可以繼續找出更多需要釐清的畫面。其實，在這張照片中，植物、車子、馬路及對街的建築，都是被前面反映出我身影的這面玻璃，所反射出的在我身後對街的景象。

現在，你看出來了嗎？

我舉這張照片做例子是想說明，這就是我們閱讀理解的「實相」。我們每天所見所知，都結合了外在的世界和自己內在條件的投射。由於擁有完整訊息近乎不可能，因此我們對世界的認知，是由片段訊息所建構而成。如果訊息中間有斷點需要連結，大腦會補上知識或經驗片段，套句現在年輕人的話，就叫「腦補」，也就是建構一個自己可以接受的真實。但最有趣的地方是，當我們以自身已知的條件作為補充時，沒有經過自我覺察的理解，就成為複製或建構原先已經知道的東西，因而限制了對未知的真正理解。

這樣講可能太抽象了，我舉一個例子。在科學還不發達的年代，先民對地震的解釋是「地牛翻身」，看到日食說是「天狗食日」，這就是以自身已知的條件，去理解並解釋未知事物的例子。現在看起來覺得荒謬，但是請別輕視這情況——雖然人類經歷理性時代及科學精神的洗禮，已走到今日這看似理性昌明的時代，但是那被情緒影響，帶著衝動而沒有邏輯的盲動，依舊與我們同行。真的！

請你回想一下，剛才在看這張照片時，你是先用自己的經驗來解釋你所看見的內容，或是對照片的內容提出問題來釐清你看見後的認知？我相信大部分的人屬於第一種情況：依自己的認知經驗來判斷。

閱讀上要達成真正的理解，最大的挑戰是別相信自己第一次建立的理解，反而該進一步去檢核自己為什麼形成這個理解，與閱讀內容中哪些條件有關，是否合理，並探究作者給這些資料的目的是什麼，中立的去辨識自己到底讀到什麼。

這件事很難嗎？以我的經驗來看，確實不容易，而且困難還不是來自於外在的影響，而是源於自己原始的衝動。人類腦中理性與情緒的相互關係，讓我想起一部經典的科幻電影。

《星際爭霸戰》英文片名叫 *Star Trek*，由吉恩．羅登貝瑞（Gene Roddenberry）於一九六〇年代所創造。它是一部在文化上有重大意義的科幻電視影集，而且陸續製播了五部衍生電視影集以及十二部院線電影。

這部在我小時候還只有黑白電視可看，頻道也只有三台時就播出的影集，故事發生在一艘名為「企業號 *Enterprise*」的星際戰艦與它的航程上。每集影片一開頭都會有波瀾壯闊的配樂，同時會有一段口白出來：「Space, the final frontier. These are the voyages of the starship: *Enterprise*. It's five-year mission: To explore strange new worlds. To seek out new life, and new civilizations. To boldly go where no man has gone before!（宇宙，終極的疆界。這是星艦企業號的旅程，去探索未知的新世界，去找尋新的生命和文明，勇敢的去那前人未至之境。）」對當時還是小學生的我來說，去外太空探險的場景真的好震撼啊。長大之後，有一次去電影院看最新電影版的《星際爭霸戰》，忽然發現這故事似乎有種生命本質上的象徵。我們每一天的生活，一如企業號的旅程，都是在往未知前進，雖然無法確定下一秒會發生什麼事，也不知道結果是否如預期，但還是必須往下一秒前進。認識新的人，接觸不一樣的想法，就像去探索新的生命和文明。

《星際爭霸戰》的所有故事，都發生在這艘「企業號」星際戰艦和它的旅程。而兩位靈魂人物：寇克艦長（地球人）——個性衝動、愛冒險、重情義，做事情憑感覺；史巴克（瓦肯星人）則完全相反——個性冷靜、喜歡邏輯分析，積極控制自己的情緒，認為情緒無助於判斷。故事中每一次遇到的未知困境，這兩個角色必然有不同的想法，一個憑直覺，另一位就把船長的直覺判斷放入邏輯中進行分析推論。過程中兩人不斷發生衝突、再溝通妥協，最後建立共識、完成任務，繼續朝向前人未至之境前進。

看到這裡，不知道你是否發現，衝動直觀的寇克艦長和副手史巴克，幾乎完美的對應我們的右大腦和左大腦掌管的思維；企業號星際戰艦根本就象徵我們的大腦；而它向未知前進的旅程，就是人類生命走向未知的暗示。這個發現，讓我開始思考一個有趣的問題：為什麼不是理性的史巴克當艦長，而是衝動的寇克當艦長？或許衝動、情緒化才是生命原始的面貌與前進的動力，讓人類複雜又迷人的原因。也因為如此，才凸顯理性的重要。不過理性是後天養成的，人類文化發展上也是理性時代開啟後，才藉由教育普及，成為文明的基礎與普世價值。

事實上人從來都不理性，又不自知。不過正是因為一些不理性的執著，我們才有了夢想——航向未知的海洋，探索海洋的另一端是怎樣的世界；坐上巨大的火箭，穿越對死亡的畏懼衝向星空。這些偉大的夢想固然讓我讚嘆，但讓我深思的是，這些瘋狂的夢想，最終都藉由理性的力量逐一實現。因此，寇克成為艦長，而史巴克陪同在他身邊，一直邁向前人未至之境。

我們回到真實的生活與閱讀中，在觀看的過程裡，大腦會從兩個層面建立與外在的連結：一是信息擷取，另一是情意感受，這是原本就設定在我們身上的反應。但是如果接下來我們問了「為什麼」，這便開啟理性探究與思考的歷程，把我們眼前的世界打開。這趟理解之旅的思考辨證，就像頭腦中住著寇克艦長與史巴克，感性與理性相互作用，讓我們既能通過感性形成同理，又能在理性中發現問題、解決問題，並且學習新知、積累經驗、擴大生命。

關於這故事中的角色分析到此似乎完成了，其實不然。如果以大腦認知的條件來看，還有一個最重要的角色還沒談到，那就是「觀眾」。

你可能會很驚訝，觀眾又不在故事中，怎麼會是角色？小心，這很可能就是一個小小的誤解喔。因為，我們剛剛並不是在談《星際爭霸戰》這部電影，而是藉著這部電影談理解與認知。關於這小小誤解，也正是我現在要談的，在認知上很重要的能力——後設認知。

就像一位觀眾，後設認知不發生在故事裡，但是他從頭到尾都參與其中，看見故事的每個環節，參與所有角色的對話，但他又超然於外，所以能從更高的角度評鑑劇情，甚至在一旁急得跳腳。或許你身邊就有這樣的朋友，看電影的時候會對著螢幕裡的角色說：「你是傻瓜嗎？他就是要騙你啊！你看不出來嗎？」

如果把我們每天的生活視為一齣連續劇或文本，後設認知能力在我們腦中，就像是觀看故事、進行理解，又超然於故事之外給予評議的觀眾。這位觀眾自始至終都在，卻以更高維度的視角綜觀全局，監控我們自身一切的心智活動。那高於當局者迷的覺察，必然會讓生命多一分超然的覺知。

人要如何能清透真知，從帶有後設覺知的閱讀素養教育開始吧！

閱讀，需要你理解

當前推動閱讀教育，絕不是為了考試所需，或僅是一時的議題風潮。閱讀讓我們知道原先陌生的事物，讓我們擁有原先沒有的感受，跨越時空與偉大的心靈交流。

閱讀過程中迸發的理解與思考，向內挖掘、深刻的與自己對話，更是閱讀帶給我們最真實而且可貴的學習與成長。

二〇一八年十二月初有機會到一所知名大學去跟學生和部分老師分享閱讀素養的觀念，當天提早到學校，距離演講正式開始還有一點時間，邀約的老師希望我可以到他正在上課的班級跟學生聊聊天。到教室後，學生還算有秩序的坐在座位上，不特別熱情，也看不出對意外來訪的我有何期待，就是個平常的大學課堂。老師客氣的介紹我，並交給我麥克風。我瞄了一下手錶，距離演講還有二十多分鐘。看到教室裡這群設計學院的學生，思緒忽然回到我的學生時期，在相似的教室裡……我真心想跟這群孩子說什麼？

我接過麥克風，先問了一個問題：「有沒有人挑戰過你的老師？」說完後，我靜靜的等待學生的回應，座位上原本靜默無聲，神情木然的學生開始交換眼神或竊竊私語，但依舊沒有人正面回答我這個問題。我繼續說：「我認識你們的老師很久了，他是一位博學而溫暖的學者，你們有挑戰過他上課的內容，問過讓他難以回答的問題嗎？」這時不少學生露出我踏進這間教室後第一次出現的微笑。接著，我分享了一段我的學習故事。

我求學的過程，雖然在藝術領域有很好的表現，整體來說卻並不是一個學業成績突出的學生。不過我是一個喜歡問問題的學生，尤其是讓老師答不出來的問題。我並非想要讓老師難堪，而是真的想知道答案。

那是一堂西洋近代美術史，課程內容來到二十世紀初，介紹抽象繪畫的開創者康丁斯基。當天老師用幻燈機投影出康丁斯基的作品「無題」（Untitled, 1910）」。不知何故，牆上投影的畫作跟我印象中在書上看過的上下顛倒。講台上老師不斷的介紹抽象繪畫發展的緣起，似乎也沒發現幻燈片有問題，最後我舉手問道：「老師，這張幻燈片是不是上下顛倒了？」老師退後幾步看了幾秒，回頭跟我說：「抽象繪畫掛倒了也是可以看。」這回答當時讓我難以接受，雖然我知道康丁斯基抽象繪畫對物像的解析，得自於一幅他自己顛倒放在地上的畫作所啟發，但是不能就因此說抽象繪畫怎麼掛都可以。所以我又問：「如果這是合理的，為什麼畫冊上都放同一個方向，另外，如果畫家有簽名，倒著掛讓名字顛倒也可以嗎？」你可以想像當時的氣氛有多緊繃！現在回想起來，自己還真是理直氣壯。當時老師沒再多說什麼，只是把幻燈片轉成正確的方向，就繼續上課了。當天下課後，我去找了好幾本談抽象繪畫理論的著作，一方面想要找到抽象畫能否倒著看的答案，另一方面想多準備好自己，因為挑戰老師讓我有學習的體悟。最重要的是我知道我有哪些不足。就像球類運動選手的訓練，除了持續基礎練習外，和程度夠好的對手對打，輸贏是一回事，更重要的是過程中能發現自己哪裡不足。各位可以想像那學期的西洋近代美術史教室會是什麼光景。其實當年不只西洋近代美術史的課如此，其他課程包括跨系選讀建築系、中文系、舞蹈系、電影系的課也是如此，我在課堂中發現問題，自己找資料回答問題，再形成新觀點挑戰老師。當時覺得理應如此，現在才知道這正是素養。我很感謝大學時代的老師願意面對我的問題，不時在討論中互相攻防，據理以證。從此，課堂不只是單向的接受，老師的課變得更精采，我也有更多收穫。

講完這故事，多數同學臉上帶著有別於二十分鐘前的神情。交出麥克風前，我再次叮嚀：「挑戰你的老師，做好準備挑戰你的老師，去思考深刻的問題，去練習以理說服對方的能力，去接受自己不足的事實。這是挑戰自己，也是重要的學習，而這一切來自於閱讀。」

閱讀理解能力與素養極為重要，但是需要我們重新認識它。

過往有識字能力等同於有閱讀與理解能力的觀念需要改變。識字能力的確是基礎，然而識字能力如果等同於理解文本的能力，今天我們就不必為新世代的閱讀素養憂心忡忡，正因為識字能力不等同於理解文本的能力，僅強調「閱讀」也還不足以明確的說明，為什麼閱讀能力在當前的世界是如此重要。真正有品質的閱讀與學習，是有層次的理解閱讀內容，可以進行合理推論，並探究作者的心靈思維。這也是目前全球教育變革的內涵，從過去要求知識的精熟學習，進一步重視學生閱讀、理解、思考能力與素養的養成，呼應國際上對未來人才與工作內涵的轉變。未來人才面對的工作環境，例行性的、操作性的工作正逐漸被自動化生產與人工智能取代；但是機動性的、分析性的、互動性的工作正逐漸增加。因此，若看待當前閱讀教育僅是為了考試所需，或是解讀為一時的議題風潮，就誤解了近年來推動教育翻轉與閱讀素養的重要性。

面對這資訊時代，傳達訊息的文本形式多樣而複雜，符號與文本的概念，超越過往對「閱讀」或「閱讀書籍」的固有認知。舉凡聆聽演講、觀賞戲劇、品評藝術、聆聽歌謠、口語交談、體驗生活、觀察自然、網路瀏覽、旅遊觀光等，皆為閱讀能力輻射的光譜。各領域資料的形式多元，無論文字、符號、圖表、標誌、影像、雲彩、陽光、表情、行為、生活……，都是等著我們去理解並使用的訊息。新世代的讀者需要以更積極的態度和進階的能力，去運用外在各種資訊，愉悅心智、豐富認知、啟發思考、創造成長、解決問題，成為一位能與時俱進，時時更新修正自己的人，也就是一位終身學習者。

閱讀很好，它讓我們知道原先不知道的事物，讓我們擁有原先沒有的感受，能跨越時空與偉大的心靈交流。但在閱讀過程中透過理解與思考，與自己的內在相遇而有了屬於自己的看法，更是閱讀帶給我們最真實而且可貴的學習與成長。

所以，我真心想告訴所有孩子：閱讀，需要你走近，需要你理解。

沒有文字，我們也在閱讀

翻開一本全部都是圖片的「無字書」，該如何閱讀？「閱讀」等於「讀文字書」，可能是許多人固有的認知，但在閱讀教育上，我們更傾向用「文本」一詞來概括所有可閱讀的東西。文本的創作者透過文字、數據、圖表、畫作、音樂、舞蹈、影像等，來傳達他們所看見、所感受的世界，只要作品具備整體性和系統涵義，無論形式為何，都可以被讀者理解。

因為工作的關係，我有許多機會與不同出版社的編輯交流合作，討論過程中也會對出版品遇到的問題交換看法。有一次和編輯約在咖啡廳，談完公事後閒聊到他們公司幾年前出版一套給學前孩子的無字書，整本書都是圖，完全沒有字，也請了專家為整套書做導讀。這套書在國外是許多人推薦的好書，但是在國內銷售卻不如預期。經過深入了解後發現，許多家長翻開書、發現沒有字，就會說：「這本書都沒有字，我要念什麼？」當時我聽到這個插曲，固然覺得這些家長的反應很有趣，但同時意識到一件事：多數人談到閱讀，最直覺的想法就是「閱讀文字」。

閱讀等於讀文字書，這固有的認知現象也反映在另一件與閱讀有關的事上，而且已經滲入慣用語詞的表達中，所以生活中我們經常聽到這樣的對話，甚至就發生在自己身上。當老師或家長問孩子：「你今天讀書了嗎？」如果孩子回答：「有啊！我有看《哆啦A夢》。」可以想像，接下來難免一段叨唸了。孩子的回答並沒有錯，只是不符合家長心中對讀書已經根深柢固的認知。對我這個五年級生而言，「讀書」不是英文「Reading」的概念，而是「學習」，而與學習相關的文本就只有課本了，所以讀書原本所指廣泛閱讀的意義，被限縮得只剩課本。

這固然反映出家長重視並嚴肅看待閱讀的態度，但其中隱含著錯誤與不完整的觀念。閱讀真的只跟功課相關，只發生在文字上嗎？這問題值得討論，但是先把閱讀放一邊，因為我們要先認識被我們閱讀的東西——「文本」。

「文本」這個詞，可能讓你覺得有點陌生，也有點抽象。或許你會想，為什麼不能用「文章」這個詞就好。這是個好問題，我們一起來探究一番。

每一個人生活在這個世界上，有時候會把對生活或對世界的感觸記下來，但是每個人可能因為個別條件與目的不同，而選擇不同的形式來記錄。例如，氣象學家用許多持續記錄的數字與圖表，來呈現地球氣候改變的情況，以便找出秩序，同時也比對前後的變化，而發現地球暖化的趨勢。新聞記者以詳實的文字，報導我們可能忽視或看不到的世界角落；小說家把他看見的世界與自己內心所想，轉化為屬於所有人可以參與或同感的故事，讓我們經歷不同的角色與生命歷程；畫家用色彩、線條、造型，記錄他所看到且令他有所感觸的景物；現代抽象藝術家更進一步，想用純粹的視覺條件表達自己的內心世界，或他所見事物表象之下隱藏的意義，所以憑我們已有經驗所能辨識的一切都消逝了，畫面上只存在藝術家個人的抽象語彙，難以辨識，但獨一無二。其他藝術家如音樂家，舞蹈家都一樣，以他們擅長的形式，表現他們看到的世界和內心的感受。

哇！我一口氣介紹了這麼多類型的創作者，你有沒有看出他們有個共通之處？如果仔細找，可以發現不論是什麼身分或專業領域，創作者都透過不同的形式「轉譯」或「詮釋」他們所看見、所感受到的世界，最後成為作品。若單就以文字符號作為表達工具的領域，雖有多種傳達組合，包含文字構成如數據、圖表、或文字連續與不連續性等多樣條件，可是都具備整體性與系統涵義。因此一個以更高位階的概念，能概括這一切組合的具體名稱，就是「文本」。

開篇我提到家長面對無字書提出疑問：「這本書都沒有字，我要念什麼？」我就用剛剛我們對文本的認識來回答。一本圖畫書，因為書中所有圖像的關聯與組合具有整體性和系統涵義，所以可以被讀者理解。面對這樣的書，我們可以把我們對故事的理解，以自己的語言補上書中沒有用文字傳達的情節，幫助學齡前還沒有字詞閱讀能力的孩子，建立對整個故事和背後涵義的理解。這是閱讀素養啟蒙很重要的階段，而我自己的經驗也反映了這個學習過程。

已經記不太清楚是何時，我父親在睡前的故事時間，開始改變原本講故事的方法。故事的開頭還是「從前從前……」每次都一樣，我當時心裡想。「……有一隻青蛙……」哈！我心裡笑了出來，這是《青蛙王子》的故事嘛，媽媽講一千遍了吧！我頭腦裡面已經接下去故事的發展了，但是這次爸爸突然問弟弟說：「換你接下去說，這隻青蛙在做什麼？」

弟弟想了一下，笑笑的說：「牠在池塘裡面唱歌。」

「很好，牠為什麼要在池塘裡面唱歌？」爸爸又問。

弟弟說：「牠吃很多蚊子，很飽，開心唱歌。」

爸爸笑笑接著說：「國珍，換你把故事接下去。」

啊！這不是我熟悉的《青蛙王子》！那故事要怎麼說？我腦筋轉了一下，就再把它轉回《青蛙王子》吧。我說：「青蛙一邊唱歌，一邊想著前幾天經過這池塘邊的漂亮公主，牠希望可以再見到她，因為這隻青蛙知道自己不是青蛙，而是一位王子。」

這故事後續的發展是否和原來一樣，公主親吻了青蛙、破除魔咒，我已經不記得了，但是我依稀記得在我們三個人接力下，共同完成一個屬於我們自己的青蛙與公主的故事。之後，「睡前的故事時間」變成了「睡前的故事接力時間」，通常是爸爸隨意開個頭，三個人輪流說下去，遇到不符合自己想法的情節，可以在自己接故事的時候改變它，添情節、加人物，當然弟弟和爸爸也會不時投出變化球，讓故事往未知的結尾發展。這遊戲在我家玩了好一陣子，直到我們不再叫爸爸來說睡前故事為止。

現在我當父親了，陪兒子、女兒說睡前故事也成為我和太太生活的一部分。記得兒子六歲時，有一天照例睡前要為兄妹倆講睡前故事，那天妹妹拿著《三隻小豬》的書要我講，天啊！這故事我不用看書都可以講了，連哥哥都抱怨已經講太多次了。但是妹妹就是有一種可愛的堅持，我只好拿起書思考要怎麼講才有趣。忽然靈光乍現，想到爸爸小時候的故事接龍，我就跟兩個小傢伙說：「這故事爸爸講了好多次了，每次大野狼都吃不到三隻小豬，今天我們一起想辦法讓大野狼可以吃到三隻小豬，怎麼樣？」我這麼一說，小兄妹倆的眼睛頓時光彩靈動：「好啊！」兩個人幾乎同時叫了起來。

兄妹倆一起快速的再看一次故事書，這時候哥哥有想法了，他說：「如果我是大野狼，我會先去吃第三隻小豬。」聽到這答案，我好奇問為什麼？哥哥回答：「因為第三隻小豬的房子最堅固，可是蓋得很慢，所以我先去吃第三隻小豬，而且牠還沒蓋完，吃掉豬小弟，豬大哥和豬二哥就沒地方躲了！」

這答案讓我嚇一跳，但是我不動聲色再問他：「接下去呢？」

兒子說：「我會去豬二哥家把牠的房子吹倒，但是我不吃牠。」我又問他為什麼？兒子答：「這樣牠就會跑去找豬大哥，豬大哥的家是茅草做的，我很容易吹倒，一次可以吃兩隻，哈哈！」

「哇！有道理吔！」我很驚訝。

我心裡真的嚇一跳，因為這答案反映了孩子思考的條件，也讓我對故事有了新的體悟。當我們不再把一個故事看作只有一個必然的結果，而是把它作為一個物件拆解再消化，反而能創造更多樣而深刻的學習。故事本身就有一個被建構好的世界與結局，但是只從這面向來閱讀、或急於去印證大家認同的寓意，常常會被制約於故事本身，更何況僅狹隘的認為課本是唯一的學習文本，就無法創造出更有價值的學習機會。

那天晚上，大野狼在我和兒子、女兒的協助下，吃得很飽……很飽……

回想當年父親在睡前帶我們兄弟說故事接龍，其實正延伸了我們閱讀故事的能力，現在你可以了解，那就是「拆解與建構文本」的能力，從一位「讀者」變成一位「作者」。作為一位作者，故事是活的，是一個可以捏塑，作為反映自己想法的材料。而我帶著孩子幫大野狼吃到小豬，讓孩子看見故事中的條件，跳出故事必然的敘述，讓孩子藉由提出解決問題的方法，勇敢去思考、形成自己的創見，故事存在的另一層價值也因此浮現出來。

還記得前面說到，作者透過不同的形式「轉譯」或「詮釋」他們所看見、所感受到的世界，最後成為作品的觀點嗎？以文本的概念來看，我們生活的世界就是一個巨大的文本，我們每一個人都在閱讀它，但是世界本身並不是由文字組成的，因此沒有文字我們也在閱讀，而閱讀素養中拆解與建構文本的能力，就會決定你看到的是一個什麼樣的世界。

考試分數，告訴了我們什麼？

國民教育的目標是培養出能獨立思考、發現問題並解決問題的下一代，但現今學校仍多見記憶知識為主的考試，不能真實反映孩子的學習差異，也無法確知孩子習得了什麼能力。

考試評量作為檢測孩子學習成效，幫助教師調整課程設計的重要工具，必須拋開舊思維，更新其內涵，才能促使教育變革走向最後一里路。

上個世紀中後期，科學家在新科技助力之下，對人類大腦的活動與各部位功能的研究有了突破性的發展，因而對於大腦與認知行為的關係有更深刻的理解。

當科學家讓不同的人看同一件物品時，透過腦部活動影像掃描技術，可以看到每個人腦中活動的反應不盡相同，影響每個人的認知感受與行為判斷，這說明每個人都是與眾不同、獨一無二的存在。但是長久以來，我們教育的評量系統是如何看待這種差異？

在求學過程中，總有各式各樣的考試來評量我們的學習成果，台灣學校中最常見到的成績呈現方式就是「百分制」，滿分為一百分，若成績低於六十分就是不及格。還記得自己國中階段所有重要的學科如國文、英文、數學，老師經常在各種大小考中規定成績少一分打一下，像我這種成績不上不下的學生，每回總是要挨不少板子。當然這種處罰現已少見，但是計算成績的方式依然不變。現在對成績未達標準的孩子有更包容而正面的態度，是我們教育上的進步，但是「包容」僅說明我們改變了態度，對於考試與給分的內涵，則需要我們更進一步的關心，尤其是探究考題的設計和分數所代表的意義。

若分數的高低代表孩子學習的成果，到底每一分的差別能否反映孩子之間學習狀況與能力上的具體差異？如果確實有差，我們理當關心每一分成績差別所說明的意義。但是若沒有能力定義上的明確差別，我們的孩子為何要接受每一分差異所帶來的不同對待？

我以一份高中升學名校的國文段考卷的題幹，試著分析當前高中考題設計的提問內涵，同時去釐清高低分數差別所代表的能力差異為何。以下是該考卷部分題目的題幹：

1.下列各組「　　」內的字詞，讀音完全相同的選項是……（語文常識／知識記憶）

2.下列文句完全無錯別字的選項是……（語文常識／知識記憶）

3.以下「　　」內的字義，請選出不是名詞轉為動詞的選項。（語文常識／知識記憶）

4.在語文之中，把兩種不同的事物或觀念，對列比較而增強語氣，加深情感，使意義更明顯的修辭方法，謂之「映襯」。下列文句何者不屬之？

（語文常識／知識記憶）

5.下列文句中「　　」內的成語，使用錯誤的選項是……（語文常識／知識記憶）

6.下列各詩句未用典故的選項是……（語文常識／知識記憶）

7.下列有關「　　」內的數字，非實數的選項是……（語文常識／知識記憶）

8.下列「　　」內之字詞，何者不屬自謙之詞？（語文常識／知識記憶）

9.誇飾是一種主觀的寫作技巧，以超過客觀事實的誇張鋪飾，使人印象深刻。請選出屬於此種修辭者。（語文常識／知識記憶）

10.主語不是動詞謂語所表示的動作，而是動作行為的受事者，這種句式即為「被動句式」，下列文句屬於被動句式的選項是……（語文常識／知識記憶）

11.假設複句是從句提出一種假設，主句說明在這一假設下產生的結果。下列文句屬於假設複句的選項是……（語文常識／知識記憶）

12. 請選出下列「　　」內字義兩兩相異的選項。（語文常識／知識記憶）

13. 下列有關詩人、作家的敘述，正確的選項是……（語文常識／知識記憶）

各位看完這十三題國文題目，應該會發現這是一張我們非常熟悉的試卷。正因為它是如此稀鬆平常，才能真實的反映目前國文試題所重視的學習目標；也因為我們視為稀鬆平常，才更需要了解這問題被忽視的嚴重性。

現在換我提出幾個問題請你思考：請問這張考卷可否看出答對第六題與第九題的學生差異在哪？他們的能力差別為何？各自要強化的學習能力是什麼？如何引導個別進一步的學習？如何在教學上給予差異化的補救？這十三題中學生運用了「廣泛性的理解」、「推論性的思考」及「思辨性的省思」當中的哪幾項能力來作答？是否能反映學生學習上的困境，有助於老師修正教學設計？

如果你無法分辨，並不是你的問題。因為當前校內考題設計的背後，並沒有一套辨識並定義學習能力差異的規範；更直接的說，是學校的考題設計無法對學生學習的成果做診斷性的判別，而僅以狹隘的知識精熟記憶試題，鑑別成因多元的學生學習成果。這也難怪學校老師對於成績未符合期待的學生所給予的回饋，多是「你要用功一點！」、「多做一些考卷！」、「這些課堂都講過了，你有沒有記起來？」、「背熟一點，多讀一點」、「你要能融會貫通！」或家長就把孩子送去補習班。出現這種結果，我們很難苛責老師，因為過往教師養成的過程中，並沒有提供老師這方面的工具，以至於老師僅能由個人經驗，或參考教科書出版社提供的題庫、坊間的參考書等，來設計試卷，而無法辨識孩子真正的學習能力。

評量的設計不該是度量孩子是否達到量尺的單一要求，而是藉由量尺來了解孩子在學習能力與知識應用上哪裡需要協助。

一套以「　　」為核心，但無法呈現孩子能力與天賦差別的評量方式，將在無形中扼殺孩子的個別價值。

當我們重視孩子分數的同時，我們更要關心孩子面對的是怎樣的評量考題；唯有嚴謹而優質的提問品質，才可以驅動孩子學習上優質的思考。

如果考題僅需要孩子在既有的知識精熟記憶中搜尋答案，等於暗示他們無需思考，只要死記死背就能回答題目，而這精熟的知識在未來的生活與工作領域中少有施展的機會。即使老師有心補充相關延伸資料，豐富了教學的廣度，但考題若未能脫離知識精熟記憶的出題模式，依舊無法改變學生的能力內涵與學習層次。缺乏能力指標的僵化題目，其影響的不僅是評量的品質，從認知發展的層面來看，更影響孩子心智發展的完整性——孩子將難以深度思考、無力做複雜多重的推論、無法進行嚴謹的提問與思辨、難以自發性的解決問題，並且弱化自我檢視的後設能力。

目前全球從經濟、政治、社會到文化都在經歷一場從未面對過的典範移轉。面對愈來愈不確定的未來，先進各國的教育當局為養成孩子面對巨大改變的能力，延續國家未來的競爭力，相繼推動教育制度的改革，重新定義學習能力的指標。從教育評量的發展趨勢來看，評量考試如同對學生學習狀況的「健康檢查」，從了解學生學習成就入手，進而分析教學得失、改善教學設計，並為學習困難的學生輔以補救教學或個別化適性發展的機會。

伴隨我們成長的教育與升學體制，雖然歷經幾次重要的改革，但是從日常生活或媒體報導中，仍可發現許多高學歷的人陷於看不出問題、找不到答案的困境。評量上若延續已然過時的命題思維，如何讓我們的下一代有機會成為可以獨立思考、發現問題、確認問題，並知道如何取得資訊、應用知識解決問題的人？所以，當我們看到孩子在思想與獨立性上弱化的現實，請先不要馬上指責他們沒有能力，應該好好看清學校檢視教學成果的評量考試中，默默暗示著他們擁有什麼能力。

當我們的教育用一個以知識精熟為主體的平均值，來度量、判定學生的能力與學習成果，正反映出一個教育上的盲點：「我們只關心孩子有沒有達到我們認定的標準，而忽略教育是否達到幫助孩子個別發展的要求。」

這兩年台灣的教育界活力十足，從翻轉教育的理念到學思達和許多熱血老師帶動的教學現場改變，都顯示台灣第一線老師在教育改革行動上的能量與創造力。這場由基層教師推動的典範移轉，能否跟上當前國際教育改革的內涵，讓孩子擁有「自我提升」的學習力，成為二十一世紀的人才？唯有改變評量考試的內涵，將未來人才需要的能力落實在我們評量考試的思維上，才能促使台灣教育內涵真正的改變，這將是實現教育改革最具挑戰性的最後一里路。

每個改變的背後都有原因

自然界的物種為了生存必須改變，亦即「進化」；企業為了永續經營，必須持續變革、創新，以保有競爭力。「改變」才是這世界最真實的情境。面對詭譎多變的未來，下一代如何能保有競爭力，獲得更好的生存？教育的變革與創新，是我們必須認真面對的課題。

根據報導，台積電斥資高達六千億台幣，將設廠於台南南部科學園區的三奈米製程晶圓廠，已通過環境影響的評估審查，預計二〇二〇年建廠，最快二〇二二年底開始量產。記憶裡，台積電這家全球最大的晶圓代工半導體製造企業，從六吋、八吋到十二吋晶圓廠，一直以引領全球業界的技術，持續為公司帶來競爭力與成長。台積電的創辦人張忠謀先生，曾多次在訪問中提到創新與改變的重要性。企業要有附加價值成長，必須依賴創新；但是創新若只是想法，就僅是創意；因此要落實執行，進行以革新為目的的改變。

從張忠謀先生受訪的談話來看，台積電長期在國際企業高度競爭中依舊能保持優勢，是因為他們配合市場需求與企業產品開發需要，持續有開創性、有目的、有未來性的「改變」，讓他們的企業能保持發展。「改變」是這世界最真實的情境，例如，生活的改變、環境的改變、計畫的改變、社會的改變、價值的改變等，但這些改變似乎都是一種外在的改變，而這些改變也會牽動一種自身的改變。

自然界就有自身改變的例子，那就是「進化」。

作家吳明益在他的作品〈海的聲音為什麼那麼大〉中，將生物進化的內涵，賦予了一個容易理解又適切的說法，即「最佳化」。這種「最佳化」是建立在對應外在環境，以生存為目標的改變上。不過，這種最佳化的過程，是將個別物種集體性的延續視為單一生命來看待，而形成進化的改變是被環境篩選的物競天擇，因此生物界依舊有大象，但是環境的條件只讓有長鼻子的大象得以繁衍。我無從得知動物是否有想要進化的意識，不過可以肯定的是動物都有活下去的原始本能。

作為生物物種一支的人類，在生物的演化上比一般動物有更高的心智發展，具備覺知自我及反思的意識，因此讓個人心智進化這件事，成為可以被引導而發生的具體結果。人類的教育體系就是一個這樣的系統，可以有效的讓人逐步最佳化。在生活經驗中，尤其是成年後完成階段性的學習，我們都被問過這樣的話：「你畢業後要做什麼」、「你找到工作了嗎」、「你薪水多少」等，這些關心背後隱含的正是你能否生存的問題。由此來看，教育最基本的任務是讓孩子擁有「最佳化」的能力，在面對多變的環境挑戰時能生存下去。若個別孩子都能適應環境，生存得很好，那這個群體必然也得以發展。

教育的任務如此重要，有一個問題就需要關注。如果教育體系內教授的內容與外在真實環境是脫節的，那會帶來什麼樣的結果？

吳明益以「最佳化」來說明生物進化的內涵，若以更為生活化的語言與普世價值來說明進化，我想「與時俱進」可以傳達人類作為主動積極進化者的態度。學習過程中，師長常常強調「日日新，苟日新」的精神，提醒孩子要有「與時俱進」的態度，那我們為什麼不以同樣的態度去要求教育體系，面對這苟日新的世界與時俱進？

或許我們都期待改變，但又不想被改變，因為改變意味著自己得離開久居的舒適圈。然而就算我們心裡抗拒改變，但世界早已不同，舒適圈不再舒適，更多的是加大忍耐的程度，承受抗拒的辛苦。但這個真實世界終究會做篩選，一如自然界物競天擇的道理。

台積電因為堅持在設計與生產上不斷的創新改變，所以持續引領在前，生產出符合市場與未來產品需要的晶片，創造出一個成功的企業和讓人學習的領導典範。同樣的，教育就是國家人才的生產線，如果這條生產線生產的產品，不符合當前與未來的要求，那麼將不只是生產線上的工作者會遭逢困境，整個國家都將面臨失去競爭力的危機。

沒有改變是輕鬆的，但是每個必要的改變，背後一定都有原因。

近幾年常聽到關心教育的人士向芬蘭取經：二〇一五年世界經濟論壇（WEF）評比一百四十個國家的競爭力，芬蘭在小學和高等教育項目分別名列第一和第二；PISA國際學生能力評量計畫的研究也顯示，芬蘭孩子的學習落差為世界最低，學習表現受到家庭出身的影響最小。這是芬蘭花了三十年進行教育改革的成果，不過這超越性改革的背後定有令人深思的原因。

芬蘭是個地處波羅的海的小國家，人口五四八．七萬（二〇一五年資料），若是以傳統菁英教育的觀念來思考，芬蘭的國家競爭力要如何維繫在極少數的菁英人口上？何況這些菁英若只成為專業領域的專才，很容易就被跨國國際企業延攬，恐怕難以回饋芬蘭自身的產業，如此一來，要如何面對以國家為單位的未來挑戰？

芬蘭人了解自己的問題，也亟思解決的方法，他們了解到唯有改變教育思維，以不同的教育典範提升全民的素養，讓每位國民都具備在二十一世紀成為有用之人的能力，才能讓小國寡民的芬蘭得以面對未來的生存競爭。所以芬蘭推動教改，打造出全球最平均的優質公校。這改革是否能持續有效，只能待時間證明；是否能成為我們學習的榜樣？還有許多條件尚待完備。芬蘭能創造出今日令世界驚豔的教育風景，必然也經歷了漫長的摸索與不斷嘗試，所以最重要的是，要像他們一樣揭竿而起。

過去在幾次關鍵的時刻，台灣社會共同藉由改變，在經濟、政治、產業發展上創造了多項令世界矚目的奇蹟，不僅回應了時代的改變，更增強了生存與競爭的實力。

身處現今這個相較過去更為複雜又詭譎多變的年代，我們必須再次面對改變的挑戰，尤其是培養下一代的教育，從學生能力到學科內涵，都因為新的世界面貌而需要調整。

生命的演化提供了一個範本，值得我們反思——進化是生存的必要，改變不是否定過去的成果，而是為了創造下一個成就！

學習與教育 201

閱讀素養

黃國珍的閱讀理解課，從訊息到意義，帶你讀出深度思考力

作　　者｜黃國珍
責任編輯｜陳以音
編輯協力｜李佩芬、盧宜穗
校　　對｜魏秋綢
封面設計｜江孟達、黃育蘋、黃國珍
內頁排版｜張靜怡
行銷企劃｜林靈姝

發 行 人｜殷允芃
創辦人兼執行長｜何琦瑜
副總經理｜游玉雪
總　　監｜李佩芬
副 總 監｜陳珮雯
資深編輯｜陳瑩慈
資深企劃編輯｜楊逸竹
企劃編輯｜林胤孝、蔡川惠
版權專員｜何晨瑋、黃微真

出 版 者｜親子天下股份有限公司
地　　址｜台北市 104 建國北路一段 96 號 4 樓
電　　話｜(02) 2509-2800　傳真｜(02) 2509-2462
網　　址｜www.parenting.com.tw
讀者服務專線｜(02) 2662-0332　週一～週五：09:00~17:30
讀者服務傳真｜(02) 2662-6048　客服信箱｜bill@cw.com.tw

法律顧問｜台英國際商務法律事務所 · 羅明通律師
製版印刷｜中原造像股份有限公司
總 經 銷｜大和圖書有限公司　電話：(02) 8990-2588

出版日期｜2019 年 3 月第一版第一次印行
　　　　　2021 年 4 月第一版第十二次印行
定　　價｜350 元
書　　號｜BKEE0201P

訂購服務
親子天下 Shopping｜shopping.parenting.com.tw
海外 · 大量訂購｜parenting@cw.com.tw
書香花園｜台北市建國北路二段 6 巷 11 號　電話 (02) 2506-1635
劃撥帳號｜50331356 親子天下股份有限公司

國家圖書館出版品預行編目 (CIP) 資料

閱讀素養：黃國珍的閱讀理解課，從訊息到意義，帶你讀出深度思考力 / 黃國珍作 . -- 第一版 . -- 臺北市：親子天下, 2019.03
240 面；14.8×21 公分 . -- (學習與教育；201)
ISBN 978-957-503-370-5 (平裝)

1. 閱讀指導　2. 中等教育

524.31　　108002387